中国古典に学ぶ

7つの逆転人生

逆境をはねかえす

不屈の生き方

守屋洋 監修

HSエディターズ・グループ 著

監修のことば

私は長いこと中国の古典や歴史に学び、そこから現代を生きるための知恵を引き出してきた。そんな仕事のなかで、多くの歴史上の人物と出会い、それぞれに教えられるところがあったと思っている。

よく「歴史に学べ」という声が耳に入ってくる。歴史に学ぶことのメリットの一つは、さまざまな人物と出会えることである。彼らの生き方は、現代を生きていく上でも、参考になることが少なくない。

本書で取り上げている七人の人物は、中国の歴史上で逆転のドラマを演じた面々である。いずれもどん底の生活を経験し、下積みの苦労を嘗《な》めながら、それをバネにして這い上がっていった。

彼らの生き方に学ぶことができれば、おのずから勇気のようなものが湧いてくるに違いない。

現代は混迷の時代だという。たしかに国の将来はおろか、わが身一つとっても、五年先、十年先がどうなるのか、まったく分からない。

だが、考えようによっては、面白い時代だとも言えるのではないか。

混迷の時代というのは、逆に言えば、誰にとってもチャンスがあるということでもある。仮に今が八方塞がりでも、やる気さえ失わなければ、自分で自分の運命を切り開いていくことができる。

そう受け止めることができれば、現代ほど面白い時代はないと言ってよいかもしれない。

気になるのは、恵まれすぎた不幸とでもいうのか、私どもの体質がずいぶん脆《もろ》くなっていることである。これでは一度挫折しただけで、ずるずると沈んでいく。

また、小さな殻に閉じこもって、「やるぞ」というチャレンジ精神に欠けているような人も少なくない。これでは、せっかくチャンスがやってきても、それを活かすことができないであろう。

泣いても笑っても一回きりの人生である。その人生を意味のあるものにするためにも、自分なりの目標を立てて挑戦していきたい。

面白い時代を面白く生きるためにも、ここで取り上げた七人の人物の生き方からその手掛りを摑《つか》んでほしいと願っている。

なお、本書は村上俊樹君の書き下ろした労作であるが、時宜《じぎ》にかなった内容でもあり、作者の意図に共感して、あえて推薦の労をとることにした。

二〇一三年一〇月

守屋　洋

プロローグ

もう無理だ――。

そう思った時に、人の命運は尽きる。

しかし、決して希望を失わず、努力を重ね、粘り抜く者には、奇跡が舞い降りる。

本書で紹介する七つの物語は、すべて実話だ。

いずれも常識ではまずあり得ない逆転人生を描いている。普通の人なら絶対にあきらめるところを彼らはあきらめない。不屈の精神で屈辱に耐え、這い上がり、粘り抜いて、見事、大きな仕事を成し遂げた。

今、まさに厳しい状況に置かれている人。

二度と立ち上がれないほどの手痛い敗北を喫した人。

勝負に負け続け、もう挑戦はやめようと思い始めている人。

押しても、引いても、何をしても、道が開けない人。

一〇年、二〇年と努力を続けているのに、一向に芽の出ない人。

あきらめるのはまだ早い。

あきらめる前に、この本を読んでほしい。

あわやという危機に瀕しても、よもやという敗北を喫しても、まさかという境遇に堕ちようとも、不死鳥のごとくよみがえり、その名を歴史に刻んだ男たちの物語に触れてほしい。

どんな逆境も、多くの場合、彼らよりはましなはずだ。

そう思えたなら、〝もう一度だけ〟自分の人生に再起のチャンスを与えてほしい。

〝もう一歩だけ〟前に進んでほしい。

成功する人と、成功しない人がいるわけではない。

成功するまでやる人と、成功する前にあきらめる人とがいるだけだ。

成功するまで続ければ一〇〇%成功できる。

本書を、逆境の淵に立たされたすべての人に贈る。

目次

第一話

二〇年放浪した末に王になった男

【重耳《ちょうじ》】

傾城《けいせい》の美女が運命を変える

叶えたい夢。
成し遂げたい志。
取り戻したい大切なもの。
これらのものを手にするために、人はどれくらいの時間を待つことができるだろうか？
二年か、三年か、あるいは一〇年か。普通の人では、ここらが限界だろう。
しかし、二〇年耐えた人がいる。
二〇年も耐えて、失ったものを取り戻し、かねてからの志を実現し、見事夢を叶えた。
その人の名を重耳《ちょうじ》という。

今から二六〇〇年以上も前の人である。中国に晋《しん》（注1）という国があった。そこに献《けん》公という王がいたが、子が三人いた。

中生《しんせい》

重耳

夷吾《いご》

の三人だ。

中生が太子であり、そのまま即位すれば、ほかの公子《こうし》の重耳と夷吾は、兄を助けて国を盛り立てるはずだった。

しかし、ある女性の登場によって、晋の運命は大きく変わってしまう。

驪姫《りき》という美女である。

献公が、辺境の異民族を討伐した時に手に入れた女だ。

献公は決して暗愚《あんぐ》な王ではなかったが、驪姫を寵愛《ちょうあい》し始めた。それだけでなく、驪姫が奚斉《けいせい》を産むと、そちらの方が可愛くなり、彼に跡目を継がせたくなった。するど太子の申生は邪魔になる。

そこで、太子の申生と、重耳と夷吾という二人の公子を都から追い出し、地方に飛ばしてしまった。三人の兄弟はいずれも立派な徳を備えていたと言われるが、誰一人文句も言わず、粛々《しゅくしゅく》とそれぞれの土地に赴任した。

しかし、何としてもわが子に次の王になってもらいたい驪姫は、三人を都から追い出しただけでは安心できない。そこで陰謀を巡らせた。

まず献公が「太子の申生を廃して、奚斉を立てたい」と言った時に、驪姫はあえてこう答えてみせた。

「人民は申生さまに懐《なつ》いています。いやしい私のために、そんなことをされてはなりません。命に代えてお引き止めします」

無論、内心を隠して反対してみせただけである。健気《けなげ》で真っ当なことを言うことで、献公の信頼を得ようとしたのだ。その陰で人を使って太子を讒言《ざんげん》させていたというから、相当な性悪《しょうわる》である。しかし、献公は、すっかり驪姫を信じてしまう。

次に驪姫は申生にこう語った。

「あなたの母上の夢を見ました。すぐに母上のお墓にお参りし、お供えの肉を父君のもとに届けてください」

太子は、素直に言うことを聞いて、母親を祀《まつ》り、お供えの肉を献公に献上した。

驪姫は、あらかじめお供えの肉に毒を仕込んでおき、献公が食べようとした時に、「お調べになった方がいい」と言い出して、その肉を犬に与えた。たちまち犬は息絶えた。次に身分の低い従者に与えると、その者も死んだ。

驪姫の陰謀の手の込んでいるところは、この時でも、あえて太子をかばって見せたことだ。

「太子が父君を殺そうとしたのは、私と奚斉がいるからです。どうか私ども母子を他国に逃がしてくださいませ」

献公は、驪姫の言葉をすっかり信じ込んでしまった。

驚いたのは、身に覚えのない申生である。しかし、同時に、弁明しても無駄であることを悟った。

ある者が、「毒薬を入れたのは驪姫です。なぜ、自ら弁明されないのか」と聞いた。太子は、「たとえ弁明してもご立腹になるだけだ」と答えた。別の者は、「他国へ出奔《しゅっぽん》しては」と勧めた。しかし、太子は、「こんな汚名を着せられては、誰も受け入れてくれないだろう。私に残された道は死以外にない」と答えたという。

太子の申生は、こうして自らの命を絶ったのである。

災厄は、公子の重耳や弟の夷吾にも及んだ。

いつの時代もつまらない人間がいるものだ。ある者が「重耳や夷吾は、あなたが讒言して太子を殺したことを恨んでいる」と驪姫に告げたのだ。驪姫はすぐさま、重耳や夷吾も取り除かなければ危ないと悟った。彼女の行動は素早い。早速、献公に向かって讒言した。

「申生がお供えの肉に毒を仕込んだ一件には、実はあの二人もからんでいるのです」と。

都に来ていた重耳と夷吾は、驪姫がそう讒言したことを聞くや、あわてて都を脱出し、それぞれの本拠に逃げ込んだ。驪姫の指示を受けて、献公の兵が攻めてくることが予測されたからだ。二人は城に立てこもり、備えを固めた。

驪姫の讒言を信じていた献公は、二人の公子が慌てて逃げたのを見て、やはり陰謀は本当だったのだと、ますます腹を立て、追手の兵をさし向けた。

父が子を攻める、という異常事態である。

重耳が本拠にしていた町の人々は、献公が送ってきた兵に対して、迎え討とうとした。しかし、重耳は、こう言って止めたという。

「私は父君の下で食禄《しょくろく》を頂戴する身であるから、人々の上に立つことができている。それなのに、その地位を利用して父君に手向かいしたら、取り返しのつかない罪を犯すことになる。だから亡命する道を選ぶ」

どんな理不尽な目に遭《あ》っても、重耳は〝筋を通す〟ことを選んだのだ。

こうして重耳は、塀を乗り越えて町から逃げ、生母の生まれ故郷である狄《てき》の地に向かった。二〇年近くに及ぶ亡命生活は、こうして始まった。

夷吾の方は、しばらく攻撃に耐えていたが、やがて城を捨てて、梁《りょう》の国に逃げた。

重耳が晋を出奔した時、すでに四三歳になっていた。

四三と言えば、今日《こんにち》の感覚と違って、すでに老境に差しかかっていると言っていい。

それから狄、衛《えい》、斉《せい》、曹《そう》、宋《そう》、鄭《てい》、楚《そ》、秦《しん》と、諸国を放浪しながらの亡命生活に入る。この間、重耳は、ある時は辛酸《しんさん》を嘗《な》め、ある時は贅沢《ぜいたく》におぼれた。逆境、順境のなかで、様々な試練が彼を襲った。

しかし、重耳は国を失った放浪の身でありながら、得難い財産を持っていた。常に左右に忠臣や賢臣がいて、彼を助けたのだ。

（注1）西周から春秋時代にかけて現在の山西省にあった国。紀元前四〇三年に、韓・魏・趙の三国に分割された。

平和なはずの亡命生活が崩れる

最初の狄《てき》では、重耳《ちょうじ》はよほど居心地がよかったのか、一二年間も滞在した。そ

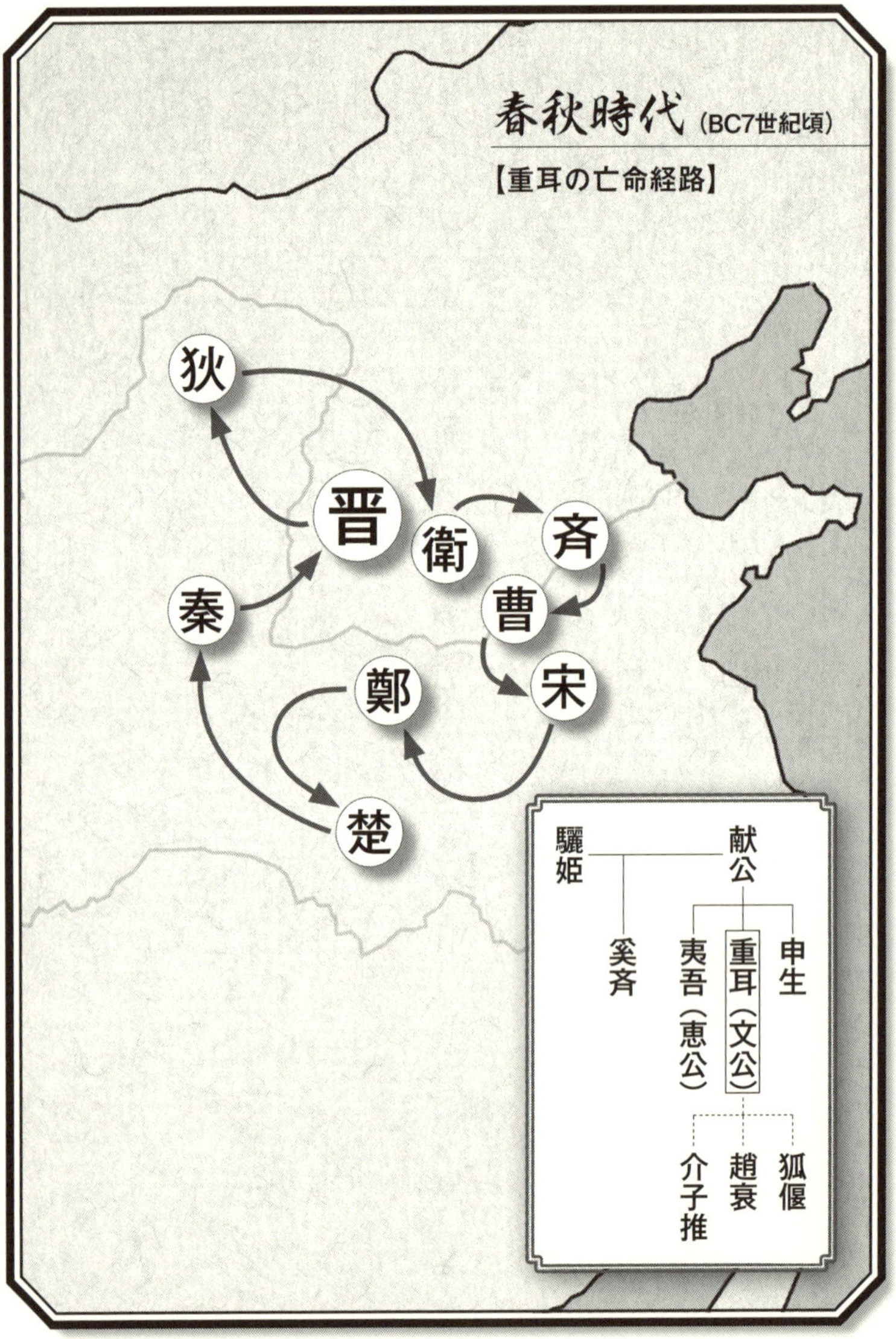

春秋時代（BC7世紀頃）
【重耳の亡命経路】
狄
晋
衛
斉
秦
曹
鄭
宋
楚
驪姫
献公
奚斉
夷吾（恵公）
重耳（文公）
申生
介子推
趙衰
狐偃

の間、妻も娶《めと》って二児をもうけた。

亡命生活を始めて五年ほど経った頃、ようやく帰国の最初のチャンスが訪れる。晋《しん》の献《けん》公が亡くなったのだ。

驪《り》姫《き》が、やりたい放題に国政を壟断《ろうだん》できたのは、献公に寵愛されていたからだ。その献公がいなくなれば、後ろ盾を失った驪姫はほとんど無力となる。

案の定、クーデターが起きた。重臣の里克《りこく》らが、後継ぎの奚斉《けいせい》を殺してしまったのだ。天下の悪女、驪姫も殺された。

当然の報《むく》いと言えるが、晋の国は主を失ってしまった。そこで、里克らは、重耳を呼び戻して次の王にしようと考え、狄にいる重耳のところに使者を送って帰国を促してきた。重耳にとっては絶好のチャンスだ。

しかし、重耳はこのチャンスを掴《つか》まなかった。

うっかり話に乗ると命が危ないと感じたのかもしれない。

「父の命に背《そむ》いて出奔した上に、その死に際して、子としての礼をふむこともできなかった。今さら帰るわけにはいかない。ほかの兄弟に当たってほしい」

と言って辞退した。

やはり、ここでも礼節を重んじて、筋を通すことにしたのだ（この徳ある行動の積み重ねが、後に並々ならぬ信用を築いていくことになる）。

里克らはやむなく、次の公子の夷吾《いご》を迎えることにした。

夷吾は、梁《りょう》の国に逃れていたが、この話にすぐに飛びついた。そして秦《しん》の援助を得ながら帰国。里克の勧めにしたがって王位に就いた。これが恵《けい》公である。

恵公が晋で優れた政治を行えば、これで話は終わるはずだった。しかし、人間の心とは不思議なもので、次第に夷吾の心に不安が嵩《こう》じ始めた。重耳を飛び越して王位を得たことに一種の後ろめたさもあったのかもしれない。

まず、自分を王位に就けてくれた里克を疑った。里克は、本来、重耳を王位に就けようとしていた人物だ。だから、いつ裏切って重耳を招き入れるか分からない。それで、里克を呼びつけて自害を命じた。しかし、それでもまだ安心できない。

重耳の方は、その後も狄の地でおとなしく暮らしていたのだが、そのおとなしさが、夷吾の目にはだんだん不気味に感じられるようになってきた。兄の重耳は、本当は自分が王となっていることに不満を持っているのではないか。それなのになぜ、沈黙を守り続けているのか。疑心暗鬼《ぎしんあんき》になった夷吾は、重耳が生きていること自体に耐えきれなくなり、ついに腕利きの者を集めて暗殺を命じた。

幸いなことに重耳はその動きをいち早く察知した。刺客《しかく》を返り討ちにするか、これを口実に兵を起こして帰国するか。

重耳はよほど慎重で無理をしない性格だったのだろう。

「別に再起を図るためにこの地にいたわけではない。晋から近いので一息入《ひといき》れていただけだ。斉《せい》の国では、名宰相と言われた管仲《かんちゅう》も亡くなって補佐役を探しているに違いない。この機会に斉に行こう」

やはり、ここでも礼節を失わず、筋を通す選択をしたのである。

こうして、重耳は、狄を去って斉に向かうことにした。

一九年間、八カ国を渡り歩く

斉《せい》の国に向かう途中で衛《えい》という国に立ち寄った。しかし、ここでは冷遇されたため、立ち去らざるを得なくなる。途中で空腹に耐えきれなくなり、農夫に食べ物を乞《こ》うた。

ところが農夫は、食べ物ではなく、土くれを投げてよこした。さすがに温厚な重耳《ちょうじ》も腹に据えかね、その農夫を鞭《むち》で殴ろうとしたが、狐偃《こえん》という臣下がこう言って止めた。

「土とは領地のことです。これは土地を領有できるという徴《しるし》です。ありがたく頂戴しましょう」

重耳は、この言葉を受け入れて、うやうやしく土くれを押しいただいたという。

本来の目的地である斉は、太公望《たいこうぼう》が開いたことで知られる伝統ある大国で、その主である桓公《かん》は、この時代を代表する覇者として重きをなしていた。それだけに重耳を丁重にもてなし、一族の娘（羌氏《きょう》）を重耳に嫁がせた上、馬八〇頭を贈ってくれた。

重耳は、すっかり満足して、斉の地に腰を落ち着けてしまう。慌てたのは、お付きの者たちだ。ここに居座られたのでは一生国に帰れなくなる。部下の狐偃と趙衰《ちょうし》は、重耳を連れ出す方法について相談した。たまたまその話を聞きつけた羌氏は、ある種の賢婦であったのだろう。なんと狐偃らの謀《はかりごと》に協力することにした。夫の重耳に、すみやかに国を出るように勧めたのだ。

「お供の方々はあなたを命と思っている。なのにあなたは、国に戻って功臣《こうしん》たちに報いようとはされずに私との絆に惹かれている。これはあなたにとって恥です」

重耳は、こう言われても斉の国を出る気になれない。やむなく羌氏は狐偃と趙衰と相談し、重耳に酒を勧めて酔い潰し、無理やり馬車に乗せて出立させた。目覚めた重耳は烈火のごとく怒った。矛《ほこ》をとって狐偃を殺そうとさえした。狐偃は、開き直ってこう言った。

「私を殺しても、国に戻るという志が成就《じょうじゅ》するなら本望です」

重耳は言い返した。

「もし事が成就しなかったら、お前の肉を食ってやるぞ」

狐偃はこう言い返した。

「その時には私の肉など腐っているはず。食えたものではありますまい」

重耳は、この一言で矛を収めたという。


重耳一行の放浪はまだ続く。次に訪れた曹《そう》では冷遇された。

重耳は「一枚あばら」だったという。一枚あばらとは、肋骨《ろっこつ》が太くてまるで一枚の板のような体型のことで、相撲《すもう》の力士では理想とされるが、明らかに普通人とは違う。異形《いぎょう》と言っていい。

曹の共公《きょう》は、噂に聞く重耳の一枚あばらを見てみたいと思い、重耳が湯浴《ゆあ》みしている時に、簾《すだれ》越しに覗《のぞ》き見したという。

亡命中とはいえ、一国の公子としては屈辱と言っていい。

曹の国に僖負羈《きふき》という重臣がいた。彼の妻は、この話を聞くと、夫に向かってこう語った。

「重耳はいずれ大国の君主となり、お供の方は大臣になる方。これだけの無礼《ぶれい》を働いては、後日の報復は避けられません。今のうちに重耳に心を通じておいた方がいいと思います」

僖負羈は黄金と宝石と食べ物を重耳に贈った。重耳は食べ物だけを受け取ったという。

後日、重耳は大軍を起こして曹を攻めるのだが、その時に僖負羈に使者を送って「これから攻めるが、あなたの邸《やしき》は襲わないから安心するように」と言わせ、かつての恩に報いている。

宋《そう》では、厚遇を受けた。「宋襄《そうじょう》の仁《じん》」（注2）で有名な襄《じょう》公の時代で、重耳がすぐれた人物であることを聞き伝え、手厚くもてなした。しかし、まさに「宋襄の仁」で戦に敗れ負傷したばかり、重耳が晋《しん》の国に戻れるように援助するだけの余力はなかった。そこで重耳の一行は、宋を出て鄭《てい》に向かった。

鄭の文公《ぶん》は、「亡命している公子など、大勢いる。厚遇する必要はない」と冷たく突き放した。叔瞻《しゅくせん》という重臣が、「そんな非礼をはたらくくらいなら、いっそのこと、殺した方がいいでしょう」と進言するが、これは聞き入れられなかった。

重耳は楚《そ》に赴《おもむ》く。楚の成《せい》王は英傑で知られる人物だけに、英雄は英雄を知るのだろう、重耳を対等の諸侯としてもてなそうとした。さすがに重耳は遠慮するが、趙衰が進み出て進言した。

「大国はもちろん、小国においてすら、軽んじられてきました。楚のような大国から、このように丁重にもてなしてもらえるのは、まさに運が開けてきた証拠。遠慮せずお受けになるべきです」

こうして重耳は賓客として迎えられることになったが、終始、へりくだった態度を崩さなかった。

すると、成王は、冗談交じりにこう語りかけた。

「首尾よく帰国できたら、私にどのような贈り物をくださいますかな」

重耳はこう答えた。

「翡翠《ひすい》や孔雀《くじゃく》の羽といったものは、ありあまるほどお持ちでしょう。なので、将来やむなく貴国の軍と戦場でまみえることがありましたら、わが軍は三舎《さんしゃ》を退きましょう」

三舎とは三日分の行程という意味で、当時の九〇里に当たる(この冗談交じりのやり取りは、後日、現実化する)。

楚の将軍の子玉《しぎょく》は、このやり取りを知って「不遜《ふそん》だ。殺すべきだ」と怒ったが、成王はこう言ったという。

「重耳は立派な人物だ。長らく国外で苦労を嘗め、今の器量を磨いたのだ。腹心の部下もみな国家の柱石《ちゅうせき》となり得る器。これこそ天の配剤《はいざい》である。殺すなどとんでもない」

こうして成王の厚遇を受けて数カ月、ようやく待ちに待ったチャンスが訪れる。

（注2）宋の襄公が、楚の成王と戦った時に（泓水《おうすい》の戦い）、川を渡って攻めてこようとした楚軍に対し、宰相の子魚《しぎょ》が「まともに戦っても勝てないから、川を渡り切らないうちに攻めましょう」と勧めたが、襄公は「君子はそんな卑怯なことはできない」と言ってその意見を退けた。こうして相手が陣を布くのを待って矛を交えたが、多勢に無勢で負けてしまった。襄公自身も股に傷を負ってしまう。このことから、敵に無用の情けをかけて敗れる愚かさのことを「宋襄の仁」と言うようになった。ただ史記の著者・司馬遷は、襄公は礼儀に厚く、人にへりくだる徳があったとして評価している。

六二歳でついに帰国する

国元の晋《しん》で恵公《けいい》（夷吾《いご》）が病《やまい》に倒れた。

さらに、秦《しん》の国に人質として送っていた太子の圉《ぎょ》が勝手に帰国してしまう。圉としては、恵公亡き後、ほかの者に王位を継がれはしまいかと恐れたのである。怒ったのは秦の穆《ぼく》公である。圉の無断帰国を秦に対する裏切りと見た。そこで圉を見限って重耳《ちょうじ》に肩入れすることにしたのである。この際、重耳に恩を売っておこうという気持ちもあったに違いない。

とはいえ、重耳は楚《そ》に滞在している。勝手に重耳を保護するわけにはいかない。穆公は、楚の成《せい》王に了解を求めた。成王も、かねてから重耳の帰国を応援したいと考えていたので、快諾した。そこで盛大な宴《うたげ》を開いて、重耳の門出を祝しながら送り出すことにした。

重耳の一行は、こうして秦に入った。

しばらくすると圉が晋の王位に就いて懐《かい》公となったが、やはり重耳の存在が気になって仕方がない。そこで、重耳の供をしている家臣たちの家族を脅すことにした。期日までに出頭しないと一族を皆殺しにするぞと触れを出したのだ。

実際に、狐偃《こえん》の父親で国元にとどまっていた狐突《ことつ》は捕まって殺された。しかし、これがかえって懐公の評判を落としてしまう。重耳の帰国を待望する声が国内に満ちた。

こうして、重耳は秦軍に守られながら帰国する。

実に一九年ぶりに故郷の土を踏んだことになる。その間、運命に逆らうことなく、常に受け身でいながら、最終的にごく自然な形で、無理なく王位に就くことになった。晋の文《ぶん》公の誕生である。しかし、重耳が帰国した時はすでに六二歳になっていた。気の遠くなるような回り道をしたことになる。

しかしこの待ちの時間が、重耳を「名君」にした。

春秋時代を代表する覇者となる

重耳《ちょうじ》が文公《ぶんこう》となって治世《ちせい》に当たったのは、九年ほどでしかない。亡命生活の半分にも満たない長さだ。

しかしそのわずかな間に、内政を充実させ、楚《そ》との決戦に打ち勝った（この城《じょう》濮《ぼく》の戦いで、楚の成王《せいおう》との約束通り三舎を退いたが、その上で勝利した）。さらには、八カ国の諸侯を集めて盟約を結んだ。この会盟を取り仕切るのが覇者たるものの証であった。重耳はあっという間に晋《しん》を実力ナンバーワンの大国に押し上げたのである。

長年味わった苦労によって人間が磨かれ、トップとしての実力が備わっていったのだろう。狐偃《こえん》、趙衰《ちょうし》といった優秀な部下に恵まれたのも大きかった。彼らは、どちらかと言えば優柔不断な重耳に厳しく決断を迫ったり、時には叱咤したりもしている。自由に意見を言える雰囲気が主従の間にあったに違いない。それを許した重耳の器の大きさがうかがえる。でなければ、二〇年近くもこれだけ優秀な人材が逃げ出しもせず、付き従い続けるわけがない。

また、亡命生活を始めたばかりの頃に、有り金をすべて持って逃亡した不届きな部下もいたが、帰国後にはそんな相手まで許している。

その結果、重耳の下には多種多様な人材が集まってきて、彼の覇業を助けるようになった。

もう一つ、重耳の人柄を象徴するエピソードがある。長い亡命生活を終えて晴れて帰国できた時に、お供をしていた人たちに厚い恩賞を与えたが、うっかり介《かい》子推《しすい》のことを忘れてしまった。介子推は、亡命中に飢えた重耳のために自分の腿《もも》の肉を切り取って食べさせたと伝えられる忠臣だ。介子推は、恩賞に預かれなくても不満一つ言わず、ひっそりと重耳の下を去って山中に隠棲《いんせい》した。

後悔した重耳は必死に介子推の行方《ゆくえ》を探し回ったという。ついに居所を突き止めたが、それでも出てこない。何としても出てきてもらおうと、その棲《す》む山を焼き払ったところ、介子推は焼け死んでしまった。重耳は激しく後悔し、介子推が隠棲していた山を介山《かいざん》と名付け、後々まで供養したと言われる。

紀元前七七〇年から紀元前四〇三年までを一般に春秋時代と言うが、その三七〇年の間に天下を取り仕切った実力者のベスト五を「春秋五覇」と言う。春秋時代の五人の覇者といった意味だが、歴史書によって誰がその五人に当たるかは見解が分かれている。しかし、そのなかで、斉《せい》の桓《かん》公と晋の文公の二人だけは、必ず五覇の一人に数えられる。いわば春秋時代のトップ二に入る王だったということだ。

希望の見えない一九年を耐えきり、わずか九年の治世で、史上有数の名君となった重耳。その人生は、どのような逆境にあっても、決してあきらめたり、焦ったりしてはいけないこと、どんなに不利になると分かっていても、筋を曲げることなく誠実に生きていれば、いつかは必ず大きなチャンスが訪れることを教えてくれる。

Victory method

重耳の大逆転ポイント

■運命の歯車が狂った時に、決して無理をして挽回《ばんかい》を図ろうとしない。
■運命に逆らわず、そのなかで、幸せの種を見つけていく。
■目下の者の言うことに素直に耳を傾ける。
■損得ではなく、筋道の通る方を選択する。
■逆境のなかで受けた恩を忘れない。借りはきちっと返す。
■一〇年でも二〇年でも焦らずに時を待つ姿勢を貫く。

第二話

戦に負けて敵の下僕となりながら再び王に返り咲き、覇王となった男

【越王句践《えつおうこうせん》】

呉越《ごえつ》の戦い

大会社の社長だったのに、熾烈《しれつ》な競争に敗れて倒産。ライバル企業の平社員からやり直した。やがて独立して再起を図り、ついにライバル企業を打ち倒して倒産に追い込んだ——。

こんな嘘みたいな本当の話がある。

紀元前五世紀頃の中国の話だ。『論語』で知られる孔子や兵法で有名な孫子《そんし》（孫武《そんぶ》）が生きていた時代である。

数奇な逆転人生を歩んだのは、越《えつ》の国の王で句践《こうせん》という。

当時、中国の南の方に、呉《ご》という国と、さらにその南に越という国があって、戦争を繰り返していた。呉は現在の蘇州《そしゅう》のあたり、越は酒で有名な紹興《しょうこう》のあたりにあった国である。

越は允常《いんじょう》という英傑が現れてから、たちまち勢力を伸ばした。

自然、隣国の呉とぶつかることになった。

当時の呉は、闔閭《こうりょ》という王が治め、孫武や伍子胥《ごししょ》などの賢臣を従えて隆盛を誇っていた。

その当時最強と言っていい呉に、越は新興国でありながら果敢に挑戦したのである。允常という王は、相当な胆力と実力を持っていたのだろう。

句践は、その允常の子だ。

允常が亡くなって、まだ若い句践が越王を継いだ。こういう時は、国は安定しない。そこで呉は「今こそ越を攻める好機だ」と考えた。

しかし、句践は、父親の允常にも負けない気概と胆力を持っていた。

大軍で攻めてきた呉に、臆することなく敢然と立ち向かった。が、さすがに最強の呉軍には歯が立たない。二度も撃退されてしまう。

そこで句践は、敵の度肝を抜く作戦をひねり出した。

まず、罪人を集めて三組の決死隊をつくった。そして第一隊に、敵陣に向かって大声で叫ばせ、一斉に自分の首をはねさせたのだ。

呆気《あっけ》にとられる呉の兵士を尻目に、第二隊、第三隊が続いて進み出て、同じことを繰り返した。

あまりの不気味さに呉軍は完全に出鼻をくじかれ、ただ茫然《ぼうぜん》とするばかりであった。その虚をついて越軍が一斉に襲いかかったのだ。さしもの呉軍もこれには総崩れとなり、王の闔閭までが深手を負った。闔閭はこの時の負傷がもとで死んでしまう。

後を継いだ太子の夫差《ふさ》は、闔閭の臨終《りんじゅう》の際に、「三年のうちに必ず仇《あだ》を討つ」と父に誓った。

これが史上有名な呉越の戦いの幕開きとなり、ここから「臥薪嘗胆《がしんしょうたん》」で知られる呉王夫差と越王句践の宿命の対決が展開することになる。

会稽《かいけい》の恥

呉王夫差《ごおうふさ》は、復讐に燃えて軍備の増強に全力を尽くした。夫差は庭に人を立たせて、自分が出入りするたびに、その者に「夫差よ。越《えつ》王が汝《なんじ》の父を殺したことを忘れたか」と言わせ、毎日薪《まき》の上で寝る痛みで、恨みを忘れないようにしたという。臥薪嘗胆の「臥薪」のエピソードだ。

一方、戦勝で勢いに乗る越王の句践《こうせん》は、相手が復讐に燃えていると知って先制攻撃を仕掛けようとする。

春秋時代（BC5世紀頃）
呉王闔閭
呉王夫差
伍子胥
越王句践
范蠡
呉
越
会稽

重臣の范蠡《はんれい》は「自ら争いを求めるのは天意に逆らうもの。必ず報いを受けますぞ」と言って反対した。

しかし、まだ若い句践は逸《はや》る気持ちを抑えられない。范蠡の意見を退《しりぞ》け、兵を起こして呉を攻めた。

この時を待っていた呉王夫差は、万全の態勢を整えて迎え撃った。呉の大勝である。

戦に敗れた句践は、会稽山《かいけいざん》に立てこもる。すぐに呉軍は会稽山を包囲した。

逃げ場を失った越王句践の生命は風前の灯《ともしび》となった。

句践は范蠡に言った。

「そなたの意見を聞かなかったばかりにこんな目に遭《あ》ってしまった」

范蠡は、責めることもなく、こう進言した。

「貢物《みつぎもの》を献上して誠意を示し、それでもだめなら、ご自身の身柄と引き換えに和議を請うしかありません」

そこで句践は、呉王のもとに和睦を申し入れる使者を送ってこう言わせた。

「わが王句践は下僕となってお仕えしたいと願っております」

屈辱的な申し出である。

呉王夫差は見事父の仇を討つことができて、優越感にひたっていた。句践の殊勝な申し出に、思わず許そうとする。

慌てたのは重臣の伍子胥《ごししょ》だ。

伍子胥は、句践と范蠡がただ者ではないことを見抜いていた。ここでとどめを刺しておかないと後顧《こうこ》の憂いとなる。

そこで「今、越を滅ぼしておかなければ、きっと後悔しますぞ」と強く諫《いさ》めた。

しかし、夫差は聞き入れず、句践を許してさっさと兵を引き上げた。

句践と范蠡は、それから下僕として呉王夫差に仕えることになった。句践は、馬役人をさせられたという。

一国の王だった男が今や馬役人である。まさに「生き恥をさらす」というのに近い屈辱の日々であった。

しかし、二度と呉に刃向うつもりのないことを示さなければ、帰国を許されない。殺されなかっただけでも幸いと考えて、おそらく相手の靴を嘗《な》めるように仕えたのだろう。句践と范蠡は励まし合って屈辱の日々を耐えた。

やがて夫差は、越の問題はすっかり片付いたと考えるようになり、句践らに対する警戒心を解いていった。そして次なる野望に向けて、着々と準備を進める。南方の越よりも、北方の国々を凌駕《りょうが》して、覇を唱えることに熱中し始めたのだ。

そんななかで、句践らは帰国を許されることになった。

伍子胥《ごししょ》の死で局面が変わる

句践《こうせん》と范蠡《はんれい》は、もちろん、心の底から呉《ご》に屈していたわけではない。捲土重来《けんどちょうらい》を図るつもりであった。

越《えつ》に帰国すると、早速、復讐の準備を始める。それはかなり遠大なものだった。まず、王の座のそばに胆を置き、食事のたびに苦い胆を嘗めて「会稽《かいけい》の恥を忘れたか」と言い聞かせて、復讐の念を新たにした。臥薪嘗胆の「嘗胆」の故事である。

また、自ら農作業に当たり、夫人も機織りにいそしんだ。食事は一菜しか摂らず、派手な服を控え、地味なものしか身に付けない。有能な臣下がいればへりくだって教えを請い、客が来れば厚くもてなし、死者は丁重に弔《とむら》った。貧民を救済して、人々と苦労を共にした。まさに一から国を再建するために身を粉《こ》にして働いたのだ。

こうして七年ほど経つと、士卒も人民もすっかり句践に心服するようになり、国力も増し、軍備も調った。

句践は、そろそろ兵を起こして呉を討とうと考え始めるが、重臣の逢同《ほうどう》がこう提案した。

「呉はしきりに兵を起こして得意の絶頂にいます。わが国としては、斉《せい》、楚《そ》、晋《しん》といった大国と親しくして、呉と戦わせるように仕向けた方がいいでしょう。そうして呉が疲弊したところに攻撃を加えれば、確実に勝つことができますぞ」

句践はなるほどと思い、しばらく様子を見ることにした。

呉王夫差《ごおうふさ》は、越の狙い通り、斉と戦争を始めようとした。

すかさず伍子胥《ごししょ》が「先に越を討つべきだ」と諫める。しかし、夫差は言うことを聞かない。

夫差は、大国の斉と戦を始めてしまった。そして勝った。いつも苦言を呈してばかりいる伍子胥を見返してやりたいという気持ちもあったのだろう。伍子胥を呼んで「ほら見たことか」と自慢した。

伍子胥は、「王、喜ぶなかれ」と言い返したという。

主従の亀裂はかなり深いものとなり始めていた。


やがて、伍子胥が謀反《むほん》を企んでいるという噂が流れるようになった。実は越が仕掛けた謀略だったのだが、伍子胥の重ね重ねの諫言《かんげん》をうるさく感じていた夫差は、次第にその噂話を信じるようになっていく。

稀代の賢臣と言っていい伍子胥は、ついに、謀反の疑いをかけられて自害を命じられた。

その最期がまた凄《すさ》まじい。

「俺の目をくりぬいて都の東門にかけておけ。越軍が入城するさまを見届けてやる！」

こう言って自害して果てたという。

この伍子胥の死が、呉の運命の転換点となった。

越から見れば、いよいよ攻撃の機が熟したことになる。

しかし、国家の柱石たる伍子胥を失ったとは言っても、呉は強国である。万事、慎重な范蠡は、さらに念を入れて、もう一つ仕掛けを施した。

呉王夫差を骨抜きにするために、西施《せいし》という絶世の美女を送り込んだのだ。

中国史では楊貴妃《ようきひ》と並ぶ美女とされ、いわゆる「傾国の美女」の代表格に当たる女性だ。

西施は、もとは薪売りの娘に過ぎなかったが、范蠡の下で、化粧の仕方から歩き方に至るまで三年もかけて猛特訓を受け、呉王の側室にふさわしい所作を叩き込まれたという。

狙い通り、夫差は西施を一目で気に入って寵愛《ちょうあい》したと言われる。実際にどの程度、骨抜きになったかは分からないが、ちょうど呉の衰亡と重なったため、亡国の原因の一つとして語り継がれることになった。

こうして越王句践と重臣の范蠡は、国力を整え、軍備を増強し、人心を収攬《しゅうらん》し、敵の要である伍子胥を取り除き、さらには美女の西施を与え——と、まさに勝つべくして勝つ条件を徹底的に整えていた。

その上で、兵を起こすチャンスを待った。

そして、その時が来た。

越《えつ》王、ついに呉《ご》を滅ぼす

呉王夫差《ごおうふさ》は、野心に燃え、北方の黄池《こうち》という地に諸侯を集めて会盟を主催した。

呉の主力軍は会合の地に動員され、留守を守るのは、太子の率いるわずかな軍に過ぎない。

越《えつ》にとっては、またとないチャンスである。句践《こうせん》は、再び范蠡《はんれい》の意見を求めた。

さすがに范蠡は「よいでしょう」と言って、攻撃に賛成した。

すでに苦節一〇年。待ちに待った反撃の時が来た。

越は総力を挙げて呉を攻めた。手薄になっている呉はひとたまりもなく壊滅。太子も壮絶な戦死を遂げる。呉の都は、あっけなく越軍の手に落ちた。

呉王夫差は急いで帰国したが、もはや反撃する余力がなく、やむなく和議を申し入れた。越の側も、完全にとどめを刺すほどの力はなかったため、これを受け入れた。

しかし、この戦いで、呉越の力関係は完全に逆転した。

その後、一〇年にわたって両国は争いを続けるが、越が呉を一方的に圧倒することになった。

そしてついに……。

夫差は力尽きて、姑蘇山《こそ》に逃げ込み、和議を申し入れた。実質的な命乞いである。立場は完全に入れ替わったことになる。

越王句践は、かつての会稽山《かいけいざん》に立てこもった自身の経験を思い出し、つい相手が哀れになって、赦《ゆる》そうとした。すかさず范蠡が反対する。

「会稽の時はせっかく天が与えたものを呉が受け取らなかっただけです。今度は、天は呉を越に与えようとしています。それを受け取らないのは、天意に逆らうことにほかなりません。呉を討つために二二年も苦労をしたのに、それをわずか一日で失ってよいものでしょうか」

それでも句践は、忍びなくて決断できない。それを見た范蠡は、強引に軍鼓《ぐんこ》を打ち鳴らし、呉の使者に向かって言いわたした。

「王の代理として命じる。早々に立ち去れ。さもなくば斬る」

呉の一行は、号泣しながら戻っていったという。

後味が悪くて仕方のない句践は、こっそり夫差に「百戸《ひゃっこ》の長として暮らすことを許す」と伝えたが、夫差は申し出を断った。

「今さら越王に仕えることはできない。伍子胥《ごししょ》に合わせる顔がない」と言って、自分の顔を布で覆わせて自ら命を絶った。

こうして呉は滅び、二〇余年に及ぶ呉越の戦いは幕を閉じた。

一度は負けて敵の下僕になりながらも、句践は見事に復活し、逆転の勝利を収めたのである。

句践は、呉を平定した後も、快進撃を続けた。兵を起こして北に向かい、斉《せい》や晋《しん》と徐州《じょしゅう》で会盟した。越の領土は揚子江《ようすこう》付近だけでなく、淮河《わいが》流域にまで広がった。諸侯はみな句践の顔色を窺《うかが》うようになり、覇王と呼ぶようになった。呉の夫差が果たそうとして果たせなかった夢を実現したのである。

『史記』は、「句践こそは賢君と呼ばれるにふさわしい人物である」と記している。実際、その奇跡とも言える逆転劇で見せた忍耐力は驚嘆すべきものがある。この句践もまた、第一話で取り上げた重耳《ちょうじ》と同じように、春秋五覇の一人に数え上げられる英雄であった。

人間、どのような境遇に堕ちようとも、素直に過ちを認める謙虚さ、部下の意見に耳を傾ける器の大きさ、長年にわたって屈辱に耐え、努力を続ける忍耐力があれば、どうにでも人生を立て直すことができるのではないか。

越王句践がそれを可能にしたのは、本当の意味での大きな志があったからだろう。でなければ、一瞬の油断が命取りになる激しい戦いを二〇余年も続けることはできなかったに違いない。

余談だが、戦に勝って敵将が詫《わ》びを入れてきた時に、どう対処するかは、中国史において数多くの名場面を創ってきた。

呉王夫差は、越王句践が詫びた時に赦した。その結果、その句践に討たれた。
越王句践は、呉王夫差が詫びた時に赦さなかった。その結果、覇者となった。
時代が下って、楚漢《そかん》の抗争の時代。
項羽《こうう》は、劉邦《りゅうほう》が詫びた時に赦した。その結果、その劉邦に討たれている。

敵将を赦す心を寛容と見るか、お人好しと見るかは、難しい判断だが、国を守るためには、時として非情な決断が求められる場合もあるということなのだろう。

また、中国史を代表する軍師・宰相は、ほぼ同じ進言を行っている。
呉王夫差に、句践を殺すことを進言した伍子胥。
越王句践に、夫差を殺すことを進言した范蠡。
項羽に、劉邦を殺すことを進言した范増《はんぞう》（注1）。

特に悲愴だったのは伍子胥で、その進言は後世から見てことごとく的を射ていたにもかかわらず、夫差はその進言を聞き入れなかった。一度でも聞いていれば、呉越の運命もどうなっていたか分からない。

一方、句践は、范蠡の進言をことごとく受け入れた。

結局、その差が、夫差と句践の運命を分けたのだと言える。

＊　＊　＊

呉越の物語には興味深い後日談がある。

越王句践を支えた名臣・范蠡は、句践が覇者になるや辞任を願い出た。句践は、「二人で国を分けて治めよう」とまで言って止めたが、范蠡はそれを固辞し、句践の下を去っていった。

そして、共に句践を支えた賢臣である文種《ぶんしょう》にも、こう言って辞任を勧めたという。

「狡兎《こうと》死して走狗《そうく》煮《に》らる（獲物の兎が死んでしまえば、猟犬は用済みになって煮て食われてしまう）と言います。越王は、苦労は共にできても、楽しみは分かち合うことはできない人です。あなたも早く逃げた方がいい」

范蠡の予言通り、文種は、ほどなく謀反の疑いをかけられて自害に追い込まれた。

范蠡は海を渡って斉の国に行き、名前を変えて商人となったが、瞬く間に財産を築いた。その才能が認められて斉の国の宰相になってほしいと懇請《こんせい》された。

范蠡はため息をついて、これ以上成功するとまた身が危なくなると考え、財産をすべて知人や近隣の人に分け与えて、斉の国を去った。

そして陶《とう》という地に落ち着いて陶朱公《とうしゅこう》と名乗ったが、ここでも莫大な財産を築いた。

それを見た魯《ろ》の国の猗頓《いとん》という男が、金持ちになる方法を范蠡に尋ねた。すると「五匹の牝牛《めうし》を飼え」とアドバイスした。猗頓はそれを殖やして十年あまりで大金持ちになったという。

范蠡は処世と蓄財の天才であった。逆境にあって悲観せず、順境にあって慢心せず、将軍として敵を滅ぼし、商人として大富豪にまで上りつめていく。この人こそ呉越の戦いの隠れた主人公だったと言えるかもしれない。

（注1）有名な「鴻門の会」でのエピソード。項羽が、抜け駆けをした劉邦の弁明を聞くための会合で、当初、項羽側は、参謀の范増の進言により、有無を言わせず劉邦を討ち取るつもりだった。しかし劉邦が詫びを入れたため、項羽は討つ気が失せてしまう。結局、この時、命拾いした劉邦が、後に項羽を討って天下を手中に収めることになった。

Victory method

越王句践の大逆転ポイント

■勝ちに驕《おご》って慢心すると、逆境を引き寄せてしまう。
■捲土重来を果たすなら、プライドを捨てて屈辱に耐えなければならない。
■失敗したら、過ちを素直に認めて考えを改める。
■逆境においては、身を慎み、地道な努力を重ねていく。
■部下の進言や諫言に素直に耳を傾ける。
■勝つべくして勝つ状況をつくるために、勝つための条件を積み上げる(決して焦ったり、無理をしない)。
■勝ちに驕らず、危機の芽を未然に摘んでおく。

第三話

足を失いながら宿命のライバルを倒した男

【孫臏《そんぴん》】

騙された軍師

昔の同窓生から手紙が届いて遊びに来ないかと誘われた。

懐かしさに訪ねていったら、突然警察に踏み込まれて捕まってしまった。

そして訳が分からないうちに法廷に引きずり出され、一方的に「足切りの刑」を言い渡される。

弁明する間もなく両足を切断され、一生歩けない身体にされてしまう。

その状態で牢獄につながれ、やっと同窓生に騙されたことに気づく。出所できる見込みはまったくない――。

こんな目に遭《あ》ったとしたら、どうやって人生を立て直せばよいのか。

通常は絶望するか、相手を呪うか、ただ悲嘆にくれるしかないだろう。

しかし、現実にこんな目に遭いながら（信じられないことに、これは実話である）、見事再起を図って、歴史に名を残した男がいる。

『孫子《そんし》』という書物を書いたことで知られる人物。

よく知られていることだが、兵法で有名な孫子には二人いる。

一人は孫武《そんぶ》で、呉越《ごえつ》の戦い（第二話）の時代に活躍した人物だ。

もう一人は孫臏《そんぴん》で、斉《せい》の国に仕えて活躍した軍師である。孫武より一五〇年ほど後の人である。紛《まぎ》らわしいのは、二人とも兵法家であり、二人とも『孫子』と呼ばれる兵法書を書き残していることだ。

孫臏は、孫武の子孫だと伝えられている。

本編で取り上げたいのは、孫臏の方である（孫武の方は、どのような人生を送ったのか史書にも詳しいことは記されていない）。

この人も驚嘆すべき逆転人生を送っている。

出だしで大きな挫折を味わい、通常であれば二度と立ち上がれぬほどのダメージを受けた。その逆境から文字通り〝這い上がり〟、最後は軍師として不朽の名声を手にする。

まずは、どのような逆境を味わったのかを振り返ってみよう。

孫臏は若い頃から兵法の勉強をしていたらしい。孫武の子孫だというから、おのずからその道に入っていったものと思われる。具体的なことは分かっていないが、誰か然《しか》るべき兵法家について学んだはずである。同門に龐涓《ほうけん》という者がいた。後に魏《ぎ》の将軍になるくらいだから優秀な男であったはずだ。龐涓と孫臏は、同門のライバルであり、友人であった。

やがて二人は別れ、龐涓は魏の恵《けい》王に仕えた。

魏とは、もともと晋《しん》から出た国である。

第一話で取り上げた重耳《ちょうじ》の祖国である晋は、その後、分裂し、孫臏が生きた時代には、韓《かん》・魏・趙《ちょう》の三国に分かれていた。近親憎悪でもあるのか、この三カ国は戦ったり和したり、和したり戦ったりを繰り返してきた。

二人が別れてしばらくした頃、魏に仕えている龐涓から、「魏に来ないか」との誘いが来た。

孫臏は、深く考えず、久闊《きゅうかつ》を叙《じょ》するつもりで、訪ねていった。昔話をしながら兵法談義でもしたのであろう。しばらく魏に滞在していると、ある日突然、逮捕され、投獄されてしまう。孫臏にはまったく身に覚えがない、無実の罪であった。

実は龐涓に嵌《は》められたのだが、そのことに気づくまでに時間がかかった。後の名軍師とは思えぬ大失態である。

いや、大失態では済まない。捕えられただけでなく、足切りの刑に処されて、一生歩けない身体にされてしまう。

しかも、顔には罪人の証しとして入れ墨まで施された。

ちなみに、孫臏の「臏」とは、刑罰の名で足切りの刑を指している。つまり、孫臏とは本名ではなく、刑罰の名前がそのまま後世に伝わったことになる。

兵法で身を立てようと願っていた孫臏は、こうして三重の逆境を味わうことになった。

一つ目は、足を失って歩けなくなったこと。これは軍隊を指揮できないことを意味する。兵法家として致命的だ。

二つ目は、入れ墨のせいで人前に出ることができなくなったこと。一目で罪人だと分かってしまえば、どの国の王も登用を躊躇《ためら》うだろう。

三つ目は、友人にいとも簡単に騙されてしまったこと。ある意味で、兵法家としてはこれが一番致命的かもしれない。友人に騙される男のアドバイスを聞いて、戦に勝てると思ってくれる人はまずいないからだ。経営コンサルタントを目指す者が、詐欺にあって会社を倒産させてしまったようなものである。

龐涓は、なぜ同門の友人に対してこんな残酷な仕打ちをしたのだろうか。『史記』によれば、孫臏の才能が自分よりも勝っているため、それを妬《ねた》んでのことだという。

後の名軍師・孫臏もまだ若かったのかもしれない。兵法の理論については龐涓を嫉妬させるだけの深い造詣《ぞうけい》があったとしても、人の心の機微についてまでは推し量《はか》ることができなかった。囚《とら》われの身になったことで、そのことを身に染みて実感したに違いない。しかし、その代償はいかにも大き過ぎた。

魏《ぎ》を脱出し、斉《せい》に奔《はし》る

顔に入れ墨があり、歩くこともできず、友人に騙されて獄中に送られた愚か者——。

客観的に孫臏《そんぴん》の置かれた状況を表現すると、こんな身も蓋《ふた》もない言い方になってしまう。驚嘆すべきことに、孫臏は、この再起不能の状態から見事に人生を立て直していく。

孫臏が囚われの身でいた期間は、短くはなかったはずだ。その間、龐涓《ほうけん》を恨んでみたり、あるいは自らの愚かさに涙したりしたのかもしれない。人生の意味についても深く考えたに違いない。

そうこうするうちに、斉《せい》の威《い》王の使者が魏《ぎ》に来るという噂を聞きつける。

孫臏はこのチャンスを逃《のが》さなかった。

斉の使者に会う算段をつけ、使者に頼んで国外脱出を図ろうとしたのである。

しかし、これは言うのは簡単だが、実現は難しい。

まず、歩けない身で、どうやって斉の使者に会うことができたのか。

そもそも、斉の使者が来るという情報をどうやって摑《つか》んだのか。

これは、魏の国内に、孫臏に同情して手助けしてくれる者がいなければ不可能だ。ということは、牢獄にいる間なら牢役人が、牢から出た後であれば、どこかで知り合った人物が、孫臏を手伝ったことになる。その人が、孫臏の手となり足となって、情報を集め、便宜《べんぎ》を図ったはずだ。

その人物は、なぜこの不幸な前科者の世話を焼いたのか。おそらく何かのきっかけで孫臏と接するようになった時に、その人格や見識に触れて感化されるものがあったのだろう。

逆に言えば、孫臏は不遇のなかで、周囲の者に感化を及ぼすほどの人格を築いていたことになる。不幸な境遇から来る同情心もあったのだろうが、それ以上に、「この人をこのまま朽《く》ち果てさせてはいけない」と思わせる何かがあったに違いない。


いずれにせよ、孫臏は、斉の使者に会うことができた。

そして、自らの窮状を訴え、使者が仕事を終えて帰国する時には、自分も一緒に連れていってほしいと頼んだのだ。

その使者も、孫臏と話し合って、これはただ者ではないと感じたらしい。魏を去る時に馬車に隠して連れ出すことを快諾した。

こうして孫臏は見事、わずかなチャンスを摑んで魏から脱出することに成功する。

孫臏《そんぴん》、斉《せい》の軍師となる

使者は斉《せい》に帰国するや、まず田忌《でんき》という将軍に孫臏《そんぴん》を引き合わせた。田忌は優れた人物であった。人を見かけで判断することなく、快く孫臏を引き取り、賓客として迎えてくれた。

しかし、このままではただの居《い》候《そうろう》になってしまう。孫臏としては、何としても自分の実力を認めさせなければならない。そこである仕掛けを考えた。

注目したのは、田忌が競馬好きだったことだ。そこで、孫臏は「今度の賭けでは、必ず勝たせてあげましょう」と大胆な進言をした。

興味を持った田忌は、孫臏の言う通りにしてみることにした。孫臏は、三回戦で行われる競馬の仕組みを分析した上で、こうアドバイスした。

まず、双方の馬を速い順から「上・中・下」にランク付けをしてください。
こちらの下の馬を、相手の上の馬に当ててください。
こちらの上の馬は、相手の中の馬に当ててください。
こちらの中の馬は、相手の下の馬に当ててください。

田忌は、孫臏の勧めるままに賭けたところ、二勝一敗で見事に大金をせしめることができたという。

これがきっかけで「兵法もなかなかのものだ」と認識を新たにした田忌は、孫臏を威《い》王に推挙《すいきょ》することにした。

孫臏にとって幸いだったのは、斉の威王が英邁《えいまい》であったことだ。

威王が孫臏に兵法について質問をしたところ、孫臏のただならぬ資質に気づいた。何を質問しても、よどみなく答えを示すのである。

こんな問答だったらしい（『孫臏兵法』という書物に詳しく載っている）。

「勢力の均衡した相手を攻めるにはどうすべきか」

「敵を分断して各個撃破するのです」

「一をもって一〇の敵を倒すには」

「敵の弱点をつき、敵の意表をつくのです」

威王は感銘を受け、孫臏を師と仰ぐことにした。それだけではない。次の戦で、なんと孫臏を大将に抜擢《ばってき》しようとしたのである。

さすがにこれには孫臏も驚いて、「私は受刑者で歩くこともできない身ですので、適役ではありません」と恐縮して辞退した。

結局、威王は、田忌を将軍とし、孫臏を軍師に任命した。孫臏は歩くことができないので、車に乗って指揮を執ることにした。

こうして孫臏は、ついに一国の軍師となって、実戦デビューを果たすことになったのである。

魏《ぎ》を囲んで趙《ちょう》を救う

その戦いは、趙《ちょう》から斉《せい》に援軍の依頼があったことから始まった。趙は、魏《ぎ》に攻められ、劣勢に立たされていた。このままでは滅んでしまう。そこで斉に助けを求めたのである。

威《い》王は快く援軍を送ることにした。

将軍の田忌《でんき》は、すぐさま趙に救援に駆けつけようとした。ところが孫臏《そんぴん》が異を唱えた。

「糸のほつれを解《ほど》くにも、むやみに引っ張ったりしてはいけません。戦いもそれと同じこと。相手の虚をついてこそ、自然に形勢が有利になるのです」

孫臏が軍師として優れていたところは、目先の戦術・作戦のレベルにとらわれず、政治的背景を含めた全体観でもって対処することができた点にある。

孫臏は、こう献策した。

「魏の都の大梁《たいりょう》を攻めましょう」

魏軍の主力は、趙を攻めている。ということは、主力軍のいない魏の都には老弱な兵しか残っていない。そこを襲えば、魏を攻めている主力軍は、趙への囲みを解いて戻ってこざるを得なくなる。

孫臏は、こう考えたのだ。

田忌は、迷わず軍師の意見に従って、魏に向かうことにした。

結果は、孫臏の狙い通りになった。

留守を狙われた魏の主力軍は、慌てて趙を攻めるのをやめて、帰国の途についたのである。これで趙は救われた。目的達成である。

さらに斉軍は、魏軍の帰国の途上を襲った。十分に準備を整えて待ち受けていた斉軍と、焦って帰国を急いでいた魏軍との勝負は、呆気《あっけ》なくついた。斉の大勝である。

これが「囲魏救趙《いぎきゅうちょう》」（魏を囲んで趙を救う）と呼ばれる策略である。

孫臏《そんぴん》の兵法、天下にとどろく

しかし、孫臏《そんぴん》の名を不朽のものとしたのは、その一三年後の戦いである。馬陵《ばりょう》の戦いという。

ややこしい話だが、今度は韓《かん》が斉《せい》に助けを求めてきた。韓を攻めているのは、魏《ぎ》と趙《ちょう》である。この時の魏の将軍は、孫臏の宿命のライバルとも言うべきあの龐《ほう》涓《けん》であった。龐涓は、韓軍を大いに破ったらしい。

斉の威《い》王は、韓を助けることにした。前回と同様に、田忌《でんき》を将軍に孫臏を軍師にして、援軍を送ることにした。

結局、今回も斉と魏の戦いという構図になった。

斉軍は、魏の都・大梁《たいりょう》に向かって進撃した。魏の将軍の龐涓は、そうはさせじと、すぐさま軍を返して追撃態勢に入った。

孫臏は、田忌にこんな策略を進言した。

「わが軍の宿営地につくる竈《かまど》の数を、今日は一〇万、明日は五万、明後日は三万と減らしていきましょう」

斉軍を追撃していた龐涓は、斉の宿営の跡を観察して、日に日に竈の数が減っていくことに気づき、「斉軍には逃亡者が続出している」と判断した。

一〇万もいた兵が三万にまで減っているなら、今こそ追撃のチャンスではないか。龐涓は行軍の速度を上げて、猛追態勢に入った。

孫臏の計算では、夕刻には魏軍が馬陵に到着する見込みである。そこは両側から山が迫って隘路《あいろ》になっている。

孫臏は、隘路の両側に伏兵を置いて待ち受けた。

そして道端の大木の幹を削らせて、こう書かせた。

龐涓、この樹の下に死す。

さらに、自軍のなかから弓の巧みな兵を選抜してこう命じた。

「日が暮れてからこの木の下に明かりが灯されたら、その明かりをめがけて一斉に撃て」

果たして日が暮れると、孫臏の狙い通り、龐涓の軍が馬陵に迫ってきた。ふと見ると、道端の大木に何か書いてあるではないか。しかし、暗くてよく読めない。そこで部下に命じて明かりを灯させた。

斉軍の弩《おおゆみ》がうなりをあげて飛んできたのは、次の瞬間だった。

魏軍は大混乱に陥った。逃げる者が続出し、もはや収拾がつかない。

今はこれまで、と悟った龐涓は一言、「ついに豎子《じゅし》の名を成せり（ついにあの小童に名を成させてしまった）」と言い残して自決したと言われる。

この馬陵の戦いで孫臏は、龐涓を死に追いやっただけでなく、魏軍の総帥だった太子申《しん》を生け捕りにした。斉軍の完勝と言ってよい。

この戦いを境に、魏はゆっくりと衰退の道をたどり、一方、魏を撃ち破った斉は、秦《しん》と並ぶ二大強国への地位を固めていく。

馬陵の戦いは、孫臏の個人的な復讐戦であっただけでなく、天下分け目の決戦

戦国時代（BC4世紀頃）
趙
斉
馬陵
韓
魏
大梁
魏の恵王
斉の威王
田忌（将軍）
龐涓（将軍）
孫臏（軍師）

でもあったのだ。

孫臏の名は、この戦いで天下にとどろいた。何と言っても鮮やかなのは、敵将の龐涓の性格を読み切って作戦を立てたことだ。

強気で強引な性格、連戦連勝で勢いに乗っている状況、ライバルである自分（孫臏）に打ち勝とうとする焦り――。龐涓は、こうした心理を完全に読まれて、孫臏の思うままに操られてしまった。

これは、単に兵法に詳しいとか、戦の経験が豊富だとか、そういったレベルの問題ではなく、もっと根本的な人間力の違いとしか言いようがない。

では、そういう人間力はどこで磨かれたのかと言えば、やはり、龐涓に騙されて囚われの身になった時だろう。

自分の甘さと、現実の厳しさ、理論を超えた人間心理の移り変わり、欲望と野望が人をどう動かすか、愚かさがいかなる悲劇を招くのか――。そんなことを深く考えながら、兵法の奥儀《おうぎ》を究《きわ》めていったに違いない。

逆境にあっても自らを見つめて智恵を磨く者は、その智恵によって逆境を乗り越えていく。身体の自由を失おうと、牢獄につながれて前科者にされようと、やる気さえあれば、それをバネにして再起できるのではないか。孫臏の人生は、絶望的な状況に追い込まれた時に、どう身を処すべきかを示している。

Victory method

孫臏の大逆転ポイント

- ■理不尽な仕打ちを受けても、絶望しない。
- ■逆境にあっても、不幸を招いた原因を自らに求め、自己変革の機会とする。
- ■自分を信じて、常に希望を失わない。
- ■言い訳をせず、前向きの努力を続ける。

■千載一遇《せんざいいちぐう》のチャンスを見逃さない。
■普段から、相手に認めてもらえるような見識を磨いておく。
■相手の心理を読み切って、その隙を突くことで勝利を得る。

第四話

滅亡寸前の弱国ながら敵城を七〇以上も落とし、形勢を大逆転させた男

【楽毅《がっき》】

隗《かい》より始めよ

戦国時代に燕《えん》と斉《せい》の両国がたどった運命も、嘘のような逆転劇であった。滅亡寸前まで追い込まれた弱小国が、隣の超大国を打ち負かし、逆に滅亡寸前にまで追い込んだのである。

この物語の主人公の名は楽毅《がっき》。

古代中国を代表する名将であり、三国志の諸葛亮《しょかつりょう》がかくありたいと憧れた人物でもある。

舞台となる燕は、今の北京《ペキン》のあたりにあった国だ。

紀元前三世紀当時は、黄河《こうが》中流域が中国の中心であり、燕は北方の辺境に位置していたが、それでも雄国《ゆうこく》としての地位を保ち続けてきた。

その燕が滅亡寸前まで追い込まれたきっかけは、燕王噲《かい》の時に、宰相の子之《しし》に国政を譲り渡したことだ。事態を憂えた太子は対抗して子之と戦った。そのために、燕の国は数カ月にわたって内乱状態に陥ってしまい、死者は万を数えたという。

そんな時に斉王が太子に援軍を送ってくれることになった。渡りに舟と太子は喜んだが、その実は燕の内乱に付け込んできた侵略軍であった。燕王噲は殺され、燕は壊滅的な打撃を受けてしまう。

それから二年後、太子は即位して昭《しょう》王となった。

この昭王が一から国を立て直すところから物語は始まる。

昭王は名君と呼ぶにふさわしい人物であったらしい。敗戦の痛手でぼろぼろになった国を再建するには、何よりも人材を求めることが急務だと考えた。

そこでまず郭隗《かくかい》という賢者を招いて尋ねた。

「我が国は内乱に乗じられて斉に破れた。しかし、小国なので報復するには力不足だ。そこで優れた人材を招いて、その協力を得て先代の恥を雪《そそ》ぎたい。先生が然《しか》るべき人物を探してくだされば、私はその人に仕えたいと思う。先生のお考えを聞かせてほしい」

そこで郭隗が言った言葉が、有名な「隗より始めよ」だ。

「人材を招きたいのであれば、まずこの郭隗からお始めください。私のような者ですら優遇されると分かれば、まして私より優れた人物は、千里の道も遠しとせずに駆けつけるでしょう」

なるほどと思った昭王は、郭隗のために宮殿を改築して住まわせ、師と仰いで教えを受けることにした。

効果はてきめんだった。

各地から続々と優れた人物が燕を目指してやってきたのだ。

楽毅《がっき》を登用す

そのなかの一人が楽毅《がっき》であった。

楽毅は、もともと中山《ちゅうざん》という国の出身である。中山は今の河北《かほく》省のあたりにあった弱小国で、強大国の趙《ちょう》に併合されて滅びている。

この時、最後まで趙軍に抵抗したのが楽毅だ。

その鮮やかな用兵と最後まで主君を見捨てない忠誠心は敵将の心を打ったらしい。趙の武将が武霊《ぶれい》王に「楽毅を召し抱えるべきだ」と推挙した。

ところが、その直後に趙で内乱が起きてしまったため、楽毅は趙の地を離れて魏《ぎ》に向かった。

魏王もまた、楽毅の名声を耳にしていたので、客分として遇した。

ある時、魏王は、燕《えん》と同盟を結ぼうと思い立ち、楽毅がその使者の役を買って出た。

こうして楽毅は、燕に来ることになったのだが、昭《しょう》王は、楽毅と会ってみて「これは相当な人物だ」と感服し、そのまま燕にとどまるよう懇請した。熱意に打たれた楽毅は、燕にとどまり、やがて大臣に登用されて国政に参画することになった。

ほかにも斉《せい》からは鄒衍《すうえん》が、趙からは劇辛《げきしん》という有能な士がやってきた。彼らの働きが燕の運命を大きく変えていく。

昭王は、人民と苦楽を共にしながら、国家の再建を図った。燕の国力は急速に充実していったが、それでも大国の斉にはまだ敵《かな》わない。

昭王は、楽毅の意見を求めた。楽毅はこう答えたという。

「斉は大国で人口も多い。燕だけで攻めても無理でしょう。どうしても討ちたいということであれば、趙、楚《そ》、魏と手を結ぶしかありません」

おそらく、それは昭王の望む答えではなかっただろう。しかし、現実に、復興途上の燕が単独で斉に勝つ見込みがないのは、その通りである。そこで、楽毅の言う通り、他国と連携する道を選ぶことにした。

しかし、これは口で言うほど簡単なことではない。なにしろ各国の利害は複雑に入り乱れている。それを一つにまとめようというのである。

楽毅は、自ら使者の役を買って出て趙に赴き、趙の恵文王《けいぶん》の説得に当たることにした。楽毅の説得を受けて、恵文王は、燕と盟約を結ぶことに同意する。

楽毅は、続いてほかの国にも次々と使者を送って、同盟を結ぶことに成功した。この時に活躍したのが蘇秦《そしん》とその弟の蘇代《そだい》である。

縦横家《じゅうおう》・蘇秦《そしん》の活躍

蘇秦《そしん》は縦横家《じゅうおう》として有名な人物だ。

縦横家とはいわゆる諸子百家の一派で、弁舌一つを武器に諸国をわたり歩き、外交交渉に鎬《しのぎ》を削った面々で、その代表格が蘇秦と張儀《ちょうぎ》である。

当時、強大化しつつあった秦《しん》に対抗するために、諸国が連合する合従《がっしょう》策を説いたのが蘇秦で、各国が秦と同盟して生き残りを図る連衡《れんこう》策を説いたのが張儀だ。

蘇秦は、合従を実現させて六カ国の宰相を兼任したと言われるが、その際、六カ国の王を説得した殺し文句が、有名な「鶏口牛後《けいこうぎゅうご》」（むしろ鶏口となるも牛後となるなかれ）だ。「小さくとも、一国の王でいた方がいい。秦に頭を下げて牛の尻尾になってはならない」というのである。

しかし、この合従策は張儀の連衡策によって破られる。実際には、どの諸侯も秦と戦うのは怖かったのかもしれない。こうして宰相の任を解かれた蘇秦が、その後にやってきたのが燕《えん》だ。

蘇秦には、蘇代《そだい》、蘇厲《それい》という弟がいて、兄弟はみな縦横家として活躍している。この兄弟の誰かが、あるいは兄弟が力を合わせて、燕の昭《しょう》王のために各国を周《しゅう》旋《せん》したらしい。

気づいてみれば、秦、韓《かん》、魏《ぎ》、趙《ちょう》、燕という五カ国の連合ができていた。この時、楽毅《がっき》は上将軍に任命される。つまり、燕軍を統帥するだけでなく、五カ国の連合軍の全軍を指揮する立場となったのだ。

こんなことは、めったにある話ではない。

楽毅のこれまでの実績と評判、蘇兄弟の類まれなる弁舌とが組み合わさって、はじめて実現できたと言える。

さて、一方の斉《せい》は湣《びん》王の時代である。湣王は、野心的で覇道を行くタイプの王だったらしく、周辺国への侵略を繰り返した。

燕の昭王が太子だった時代に、救うと見せかけて、燕の乗っ取りを図ろうとしたことはすでに述べた。さらに秦と組んで楚《そ》を討ち、趙と組んで中山《ちゅうざん》国を滅ぼし、宋《そう》をも滅ぼしている。その結果、斉としては最大の版図を得て、秦と並立する二強時代を築いた。

「戦国の四君」として有名な孟嘗君《もうしょうくん》を、父の代から引き継いで宰相としたことも大きかっただろう。

しかし、強大な版図を得てしまうと、右腕であるはずの孟嘗君が疎《うと》ましくなってきたらしく、殺そうとした。孟嘗君はその動きをいち早く察知したため、魏に逃亡した(孟嘗君は魏で宰相となった)。

相当傲慢な性格だったようだ。

実力はあるが、諸侯からは、かなり嫌われていたらしい。

楽毅や蘇秦らがもくろんだ諸国連合が成功したのは、実はこの湣王の人間性にも問題があったからでもある。

燕《えん》の楽毅《がっき》、ついに大国斉《せい》を滅亡寸前に追い込む

秦《しん》、韓《かん》、魏《ぎ》、趙《ちょう》、燕《えん》の五カ国の連合軍は、楽毅《がっき》の下に結集し、斉《せい》に向けて進撃を開始した。湣《びん》王も大軍を率いて迎え撃つ。両軍は済水《さいすい》の西で激突したが、結果は連合軍の圧勝に終わった。

目的を果たした連合軍は、この段階で解散した。

しかし、楽毅が率いる燕軍は、帰国するつもりはない。なにせ燕は、騙し討ち同然に都を斉の軍によって蹂躙《じゅうりん》されているのだ。敵の都を落とさなければ、復讐は果たせない。

戦国時代（BC3世紀頃）
燕
趙
魏
秦
韓
斉
済水
臨淄
燕の昭王
斉の湣王
郭隗
楽毅（将軍）
鄒衍
劇辛
（縦横家）
蘇秦
蘇代

燕軍は一気に長駆《ちょうく》して、斉の都である臨淄《りんし》に奇襲をかけた。済水の決戦で負けたばかりの斉軍には、もはや都を守る力はない。

敵の都を陥落させた楽毅は、斉の宝物や祭器などをことごとく燕に運ばせた。

燕の昭王《しょう》が喜んだのは言うまでもない。わざわざ済水のほとりまで出かけてきて、兵士たちをねぎらい、祝宴を開いて恩賞を与えたという。

悲惨なのは斉の湣王である。

済水で連合軍に破れ、都の臨淄の防衛にも失敗し、逃げ惑った挙句に衛《えい》に亡命しようとしたが、あまりにも傲岸不遜《ごうがんふそん》だったので、拒絶されてしまう。次いで鄒《すう》と魯《ろ》に向かったが、ここでも入国を許されず、結局、莒《きょ》にある城に立てこもった。

そこにようやく楚《そ》の淖歯《とうし》という将軍が援軍として駆けつけてきたが、湣王は、この淖歯に殺されてしまう。徳のない者にふさわしい、哀れな最期だった。

一方の楽毅は進軍をやめない。その後も斉の地にとどまって、各地の城を次々に落としていった。勝ち戦に乗じて、一気に全土を制圧しようとしたのである。五年ほど経つと、斉で燕の軍門に下っていないのは、莒と即墨《そくぼく》の二つの城だけになった。

その間、楽毅が落とした城は七〇を超えたと言われる。

実に月一つ以上のペースで、敵城を陥落させたことになる。かつて楽毅のいた中山国《ちゅうざん》のような小国ですら滅びるまでに一〇年以上かかっていることを考えると驚異のスピードだった。

斉のような超大国をわずか五年で制圧し、しかも、その後、反乱らしい反乱も起こっていないところを見ると、占領後の行政手腕も相当なものであったことがうかがえる(斉が燕を占領した時は各地で反乱が起きた)。

いずれにせよ、小国で滅亡寸前だった燕が、わずか五年ほどで、大国の斉の版図をほぼ手中に収め、滅亡寸前に追い込んだのである。適切な喩《たと》えではないかもしれないが、現代で言えば、いすゞ自動車が、わずか五年でトヨタ自動車のシェアをことごとく奪って倒産寸前に追い込んだようなものだろうか。まずあり得ない話だ。

しかし、楽毅はこれをやってのけた。

どのような逆境であっても逆転は可能である。謙虚になって人を得ることができれば、大きな事業も成し遂げることができる。逆に、権勢の座にあっても、慢心して人心が離れれば、わずかの間に運命は暗転していく。

この物語は、そんな教訓を我々に与えてくれる。

＊　　＊　　＊

さて、楽毅の奇跡の逆転劇は、実は悲しい結末で幕を閉じる。

その後、楽毅は、斉にとどめを刺すことができなかった。わずかに残った二城を落とすことができなかったのだ。

短期間で七〇もの城を落とした名将が、なぜ最後の最後で二つばかりの城を攻めあぐねてしまったのか。

楽毅自身は、三年ほどかけて落とすつもりであったらしい。最後の二つともなれば、それなりの抵抗も予測できるため、無理をしない方針を立てたのかもしれない。

しかし、これがいらぬ疑惑を呼ぶ。

「あれだけの勢いで敵城を陥落させた楽毅であれば、その気になれば残りの二つくらいすぐに落とせるはず。なのに急に攻めなくなったのは、独立して自らが王になろうとしているに違いない」

そう讒言《ざんげん》する者が現れたのだ。

しかし、昭王は名君であった。まったく讒言に取り合わず、その者を呼びつけて斬り捨てた。さらには、楽毅に対して斉王になるように勧めたという。だが楽毅はそれを固辞し、昭王に対して臣下の礼を取り続けた。

楽毅の評判はますます高まり、誰も非難中傷する者はいなくなった。

しかし、それは昭王が亡くなるまでの話だった。

次に恵《けい》王が立った。恵王は暗愚《あんぐ》な王で、太子であったころから楽毅が嫌いだったらしい。斉の側が流した楽毅に対する非難中傷をことごとく信じ、ある日突然、楽毅を更迭《こうてつ》してしまう。

召喚命令を受けた楽毅は、燕には帰らず、そのまま趙に亡命し、その地で没した。

燕の運命も、この時を境に一気に暗転する（第五話に続く）。

Victory method

燕の昭王と楽毅の大逆転ポイント

■（昭王）復興のために、まず人材を求める。

■（昭王）優秀な人材を手厚く遇することを実践する。

■（昭王）集まってきた人材を思い切って抜擢《ばってき》し、師事する。さらにその進言を聞き入れる。

■（楽毅）最後まで主君を見捨てないという基本姿勢を持つ。

■（楽毅）いきなり攻めたりせずに、じっくりと外交によって勝つ条件を整える。

■（楽毅）目先の勝利で満足せず、大構想の下でチャンスを掴《つか》むと一気に勝負をかける。

■（楽毅）勝っても驕《おご》らず、着実に勝ちを積み上げていく。

第五話

失った七〇以上の城を一年もかけずにすべて取り戻した男

【田単《でんたん》】

田単《でんたん》の登場

田単《でんたん》の起こした奇跡の凄《すご》さを、どう言い表せばよいのか。

明治維新の直後に起きた戊辰《ぼしん》戦争で言えば、きっとこういうことになるだろう。戊辰戦争とは、薩摩藩や長州藩を中心とする新政府軍と、旧幕府軍を中心とする勢力とが戦ったものだ。

勢いに乗る新政府軍は、東から北へと攻め上る。旧幕軍は次第に追いつめられ、ついに箱館《はこだて》の五稜郭《ごりょうかく》に立てこもったものの、抵抗むなしく敗れ去り、最後は降伏した――。

これが史実だが、もし、最後に五稜郭に立てこもった段階で旧幕軍に彗星のごとく軍事的天才が現れ、勢いを盛り返し、新政府軍を破って南下し、ついに明治政府を滅ぼす寸前まで追いやるとしたらどうか。

まずあり得ないことだろう。

しかし、実際に、それに近いことをやってのけた男がいる。

斉《せい》の田単という。


第四話で登場した稀代の名将・楽毅《がっき》によって滅亡寸前に追いやられた斉の国に、それこそ彗星のごとく現れた。

田氏というのは、斉では王家の氏である。といっても、田単の場合、宗家の出ではない。分家筋の田氏は斉の国内に無数にいるため、そこいらの田氏に過ぎない。実際、田単は、斉の都の臨淄《りんし》で市場《いちば》の役人をしていた。

特に抜きん出た才能があったという話もなく、目立つこともなく、地道に暮らしていたらしい。

そこに燕《えん》の楽毅が攻めてきた。

都の臨淄はあっという間に落とされたが、田単は一族を連れて辛くも安平《あんぺい》という町に逃れた。その時、田単は一族の者に車の軸の端を切り落として、鉄の金具で補強するように指示しておいた。

しばらくすると、その安平にも、燕軍が攻め寄せてきた。

住民はパニックになった。当時の町は城壁で囲まれているため、逃げようと思えば、城門に殺到することになる。みな家財一式を車に積んで逃げるから城門は人々の車がひしめいて接触することになる。結果、多くの車が壊れてしまった。

田単の一族は、鉄で補強していたため、車が壊れることなく、城門を抜けて逃げ出すことができた。

田単らは、安平からさらに東方に向かって逃げ、即墨《そくぼく》という町に落ち着いた。

即墨は、山東《さんとう》半島の中心地で、現在の青島《チンタオ》のあたりだ。楽毅の進撃で、わずかに生き残った斉の二つの城のうちの一つである。

田単は、この町で長期の籠城《ろうじょう》をすることになった。

即墨《そくぼく》の将軍に推挙される

ただの市場役人に過ぎなかった田単《でんたん》の名声が高まっていったのは、この頃からである。

燕《えん》軍が安平《あんぺい》にも攻め寄せてくることを予想して、事前に車に金具をつけて備えたことから、一族や知人から、「田単は並みの者ではない」と、絶大な信頼を得ることになったのがきっかけだった。

おそらく、即墨《そくぼく》に来てからも、何くれとなく人々の相談に乗ったのであろう。彼の名はあっという間に町中に知れわたっていった。人々は集まって協議し、ついに田単を将軍に推し立てた。

この頃の斉《せい》は、混乱を極めていた。都の臨淄《りんし》を追われた湣王《びん》は、莒《きょ》に立てこもった。そこにようやく楚《そ》から援軍が現れる。淖歯《とうし》という将軍に率いられていた。傲慢で知られる湣王は、助けに来てくれた淖歯にそれなりの礼を尽くさなかったらしい。淖歯は、「何でこんなやつを助けなければならないのだ」と思って、なんと湣王を殺してしまったのである。

淖歯は、そのまま斉の支配者になろうとした。いくら湣王が高慢で嫌われていたとしても、斉にも忠臣がいる。王を殺されて黙っているわけにはいかない。王孫賈《おうそんか》という者が現れて、楚軍に決死の斬り込みを敢行し、淖歯を殺した。主人を失った楚軍はやがて莒から去って国に帰っていった。

こうして莒は、斉人の手に取り戻したが、肝心の主がいなくなってしまった。

しかし、湣王の子の一人である法章《ほうしょう》が莒に潜んでいることが分かった。そこで法章を見つけ出して王位に就け（襄《じょう》王）、斉はかろうじて国としての体裁を守った。

しかし、莒と即墨という二つの町しか残っていないという現実は変わらない。ほかの七〇余城を落した燕軍は、やがてこの二つの町を包囲する。

将軍となった田単は、この圧倒的な不利な状況のなかで、どうすべきかを考えた。考えるにあたって、まず情報を集めた。

入ってきたのは敵将の楽毅《がっき》の評判の良さだ。

落とされたほかの町では、斉の国民が、占領軍の司令官である楽毅に心服し始めているという。

「楽毅がいる限り、どうにもならない」

おそらく田単は、こう考えたに違いない。

必死の抵抗を続けながら、付け入る隙がないか、さらに情報を集めた。

重要な情報が入ってきた。

その頃、燕では昭王《しょう》が没し、恵王《けい》が立った。この恵王が楽毅を嫌っているという。田単はほくそ笑んだ。その瞬間、田単の脳裏に勝利への道筋がはっきりと見えたのだ。

ここから田単の渾身の知力戦が始まる。

居ながらにして敵を崩す

まずはじめの仕掛けとして、燕《えん》に間者を放って、こんなデマを流した。

「落ちない城はあと二つになった。ところが楽毅《がっき》は瞬く間に七〇もの城を落とす力があるのに、わずか二つの城を落せないのはなぜか。帰国して殺されるのを恐れているからだ。というのは、斉《せい》を征伐するというのは口実で、本当は自分が斉の王になろうとしているからである。だから、わざと即墨《そくぼく》を攻める手を緩めているのだ。即墨の人々は、楽毅とは別の将軍が来ることを恐れている」

人を嫌うということは恐ろしい。自分の感情を裏付ける情報だと他愛もなく信じてしまう。楽毅を嫌っていた恵王《けいおう》は、この噂を信じ、田単《でんたん》の狙い通り、騎劫《ききょう》という将軍を派遣して、楽毅と交代させてしまう。燕軍は、心服していた楽毅が解任されて、士気を落した。

田単は、次に不思議な仕掛けを施す。

即墨の住人たちに、「食事の時には必ず庭で先祖を祀《まつ》れ」と命じたのだ。

家の外に食べ物があれば、鳥たちが集まってくる。城中のあちこちで鳥が舞い降りてえさを食べ始めた。

即墨を取り囲む燕の兵から見ると、毎日、鳥の大群が城中に消えていく。すかさず田単は、こんな噂を流した。

「神様が降りてお告げがあった。わしの師となる神人が現れるはずだ」

すると一人の兵士が現れて「私が師となることができるでしょうか」と言うや、後ろを向いて走り始めた。田単はその兵を追いかけて引き戻し、東に向かせて、師として敬った。

後で兵士は、「すみません。嘘でした。本当は何もできません」と告白した。しかし田単は「何も言うな」と言って、そのまま、その兵士を師として敬い続け、その兵士の言葉を、そのまま神のお告げとして軍令を発した。

味方も敵も、こうして田単の指揮に神威を感じるようになった。嘘と言えば嘘だが、なにせ市場役人から成り上がった身だから、こうした演出も必要だったのかもしれない。

その次は、こんな噂を流した。

「心配していることが一つある。それは、燕の軍が捕まえた斉の兵士の鼻を削いで、最前列に並ばせ、我々と戦わせることだ。そんなことをすれば、我々は怯《ひる》んで負けてしまう」

この話を聞いた燕軍は、その通りのことをした。捕虜にしていた斉軍の兵士の鼻を削いで、最前列で戦わせたのだ。

それを見た斉軍の兵士は、怯むどころが、ますます激しく敵を憎み、「死んでも捕虜にはなるまいぞ」と誓い合った。

さらに、こんな噂も流した。

「心配していることがもう一つある。燕軍が城外の墓地をあばいて、先祖の遺骸を辱めはしまいか。そんなことをされたら、どんな祟りがあることか」

燕軍はこの噂を聞いて、手当たりしだいに墓を掘り起こし、先祖の遺骸を焼いてしまった。

即墨の住民は、城壁の上からこの有様を眺めて涙を流した。そして、誰もが「今に見ておれ」と闘志をみなぎらせた。


田単の仕掛けは、いよいよ仕上げに入る。

老人と女子供を城壁に登らせ、武装兵をみな敵から見えないように隠してから、敵陣に向かって「降伏する」と申し入れたのだ。

それを聞いた燕軍の兵士は、これで戦も終わりだと、思わず万歳をとなえた。

そこで田単はさらなる仕掛けをほどこした。異常と言っていいほどの念の入れようである。

城内の住民からお金を集めて山と積み、即墨の富豪の名前で燕の大将に贈ったのだ。その使者にはこう言わせた。「即墨はもうすぐ降伏しますが、我々の一族には手を出さぬようお願いします」。

これを聞いた燕の大将は喜んだ。いよいよ降伏が真実味を帯びてきた上、大金が転がり込んできたからだ。

敵の将兵は完全に警戒心を解いた。

ここで田単は、ようやく反撃の腹を固める。いよいよ決戦の時だ。

はじめは処女のごとく、後には脱兎《だっと》のごとし

田単《でんたん》は「火牛《かぎゅう》の計」を用いた。

まず千頭の牛を集めた。その牛に赤色の絹の着物を着せて、五色で竜の模様を描かせた。角には刃物をくくりつける。

城壁にはひそかに数十の穴を開けておいた。

これで準備は万端である。

真夜中になるのを待って、牛の尻尾に葦《あし》の束をくくりつけて油を注ぎ、その先に火を点け、城壁の穴から燕《えん》軍に向かって放った。

尻尾に火を点けられた牛の後には、五千の精鋭が続く。牛は尻尾が熱くなるに従って暴走し始め、敵陣に突っ込んでいった。後れじと、五千の精鋭も襲いかかっていく。

即墨《そくぼく》の城内からはいっせいに喊声《かんせい》が上がり、銅鑼《どら》や太鼓を叩いて気勢を上げた。

たちまち燕軍はパニックに陥った。

五千人の突撃部隊の狙いは、敵将の騎劫《ききょう》である。

騎劫は逃走を謀ったが、やがて追いつかれて殺された。

大将を失った燕軍はますます乱れ、総崩れとなって敗走した。

田単の完勝である。

ちなみにこの火牛の計を、後世、用いたのが平安時代末期の武将・木曾義仲《きそよしなか》である。有名な倶利伽羅峠《くりからとうげ》の戦いで、平維盛《たいらのこれもり》軍と対峙した時、夜半、平家軍が寝静まった頃を見計らって、数百頭の牛の角に松明をくりつけて敵陣に放ったという。源平合戦の名場面の一つだ(田単の故事を下敷きにした後世の創作だという説もある)。

いずれにせよ、この一戦で戦局は一変した。

燕軍は敗走に敗走を重ねた。

田単は、それを追撃し、済水《さいすい》のほとりまで押し戻したところで、ようやく進撃を止めた。

かくて都の臨淄《りんし》を奪回したばかりでなく、楽毅《がっき》が五年かけて奪った七〇余城のすべてを一年もかけずして取り戻したのである。

戦国時代（BC3世紀頃）
燕
斉
楚
即墨
斉の湣王
斉の襄王［法章］
田単（将軍）
燕の昭王
燕の恵王
楽毅（将軍）
騎劫（将軍）

莒《きょ》に立てこもっていた襄王《じょう》は、臨淄に戻って政治を執り行うことになった。田単は、その功績により安平君《あんぺい》に封じられる。

ただの市場役人に過ぎなかった男が、将軍に推され、智謀を巡らせて祖国を救ったのだ。

楽毅が攻めてこなければ、一生、市場の役人で終わったかもしれないと思うと、運命の不思議を感じざるを得ない。

『史記』では、この奇跡的な進軍を、『孫子』の言葉を引いて「はじめは処女のごとくにして、敵は戸を開き、後には脱兎《だっと》のごとくにして、敵は距《ふせ》ぐに及ばず」と評した。

劣勢に立たされた時は、処女のように装って敵の油断を誘い、優勢に転じるや一気にたたみかけるという戦いの極意を記した言葉だ。

田単の兵法は、まさにこの通りのものであった。

楽毅と田単は、両者とも短期間のうちに、劣勢を押し返して大逆転させたという点で共通するが、その手法はかなり違う。

どちらが優れているかは、一概に評することはできないが、一つだけ言えることは、どのような窮地に陥ったとしても、そこから逆転することは可能だということだ。

そしてまた、君主が徳を失った時、どんなに優勢であったとしても、一瞬にして崩れてしまうということを、燕の恵《けい》王や斉《せい》の湣《びん》王の事例は教えてくれる。

ちなみに、田単は、安平君に封じられた後、斉の国内で救国の英雄として圧倒的な名声を得た。田単が命がけで救った襄《じょう》王は、残念ながら名君ではなかったらしい。田単の名声に嫉妬した。

ほどなく田単は斉を去って趙《ちょう》の恵文《けいぶん》公に仕え、宰相となった。

どのような名将・名臣も、主君の起用があってこそ活躍できる。斉の国は、田単を失った後、これという人材を輩出することなく、襄王の次の代に、秦《しん》によって滅ぼされた。

Victory method

田単の大逆転ポイント

■どんなに厳しい状況にあっても、置かれた立場でベストを尽くす。
■勝敗を分けるポイントは何かを、じっくりと見定める。
■敵のキーパーソンを失脚させるために、知略を駆使する。
■敵を油断させて、味方の充実を図る。
■勝てる条件が揃ったら、一気呵成《いっきかせい》に決着をつける。
■緒戦に勝ったら、勢いに乗じて戦線を一気に拡大し、形勢の大逆転を図る。

第六話

筵《むしろ》売りから身を起こし、皇帝になった男

【劉備《りゅうび》】

なぜ劉備《りゅうび》は特別なのか

三国志の主人公と言えば、蜀《しょく》の国を興した劉備《りゅうび》だ。

三国志とは、魏《ぎ》の曹操《そうそう》、呉《ご》の孫権《そんけん》、蜀の劉備の三人の英傑が天下の覇を競う壮大な物語で、これまで劇や映画、小説、コミック、ゲームなどでも描かれてきた。

近年では、曹操を主人公にしたものや呉を舞台にしたものも出ている。

しかし、本書のテーマである「逆転人生」ということで言えば、やはり劉備こそが主人公にふさわしい。

曹操は、祖父が宦官《かんがん》だったと言われるが、そもそも宦官とは権力の中枢にいた存在で、人によっては時の政治を動かすほどの権力を握っていた。曹操の祖父もそんな宦官の一人であった。そのおかげで曹操は漢《かん》王朝に出仕した時から順調にエリート街道を歩んでいく。

孫権に至っては、呉を代表する名家であり、すでに父の孫堅《そんけん》と兄の孫策《そんさく》が二代にわたって、権力基盤を築き上げていた。いわゆる三代目のお坊ちゃんとも言える有利な立場でスタートしている。

その点、劉備は、まったくの〝ゼロ〟からのスタートだった。

一応、漢の景帝《けいてい》の子、中山靖王劉勝《ちゅうざんせいおうりゅうしょう》の子孫と言われている。しかし、劉勝から劉備に至るまでの間に系図が途切れていて、しかとしたことはよく分からない。何とも心もとない家柄である。

一応祖父は県の知事まで務めたらしいが、県といっても今日《こんにち》の日本の県とは違う。県の上に、郡があり、郡の上に州があるのが当時の中国の行政区分だから、村長や町長のレベルであろう。父は早死にしたため、劉備が物心つく頃には生活が困窮し、草履《ぞうり》や莚《むしろ》を売って暮らすまでに落ちぶれてしまった。

しかも、出身地である涿郡涿県《たくぐんたくけん》は、現在の北京《ペキン》の近くだが、当時は洛陽《らくよう》や長安《ちょうあん》が中心だから、辺鄙《へんぴ》な片田舎にあった。

この地方出身の莚売りの少年が、後に皇帝になるわけだから、いくら乱世とはいえ、相当な逆転人生だった。

はじめから大志はあった

劉備《りゅうび》は子供の頃から天子（皇帝）になるつもりだったという。

劉備の家には近所で有名な桑の大木があって、遠くから見ると天子が乗る車の蓋《ふた》のように見えた。劉備は、「いつかこの木のような天子の車に乗ってみせるぞ」と言ったらしい。それを聞いていた叔父が慌てて「人に聞かれたら一族皆殺しだ」と叱ったという。

その背景には、母親が、莚売りに身を落としても誇りを失わないようにと、絶えず劉備に漢王室の血を引いている尊い家柄であることを語り聞かせたことがあるだろう。そのおかげで劉備は、貧しくても、誇りに満ち、大志を胸に抱いた少年に成長していった。

多くの英雄がそうであるように、劉備も母親の大きな影響を受けて育った。その一つが、一五歳の時に盧植《ろしょく》の下に遊学させてもらったことである。

盧植は当時有名だった儒学者だ。学者といっても、もともとは九江《きゅうこう》郡の太守《たいしゅ》を務めた行政官であり、後日、黄巾賊《こうきんぞく》討伐の将軍を務めてもいるから、文武両道とも言うべき当代一流の人物だった。

黄巾賊征伐の時に、こんな逸話が残っている。

中央から軍の監察官が派遣されてきた時に、賄賂《わいろ》を要求されたが、盧植は断っている。すると、讒言《ざんげん》されて罪人に落とされたという（しばらくして黄巾賊平定の功績が認められて許される）。

その後、董卓《とうたく》が実権を握って、皇帝をすげ替えようとした時も、ほかの人が董卓に恨まれるのが怖くて反対できないなか、盧植だけが堂々と反対の声を上げている（怒った董卓に処刑されかけるが、仲間の取り成しで何とか助命される）。

盧植の人生は、万事この調子で、命を守るよりも、節を守ることを優先するところがあった。清廉潔白《せいれんけっぱく》にして剛直《ごうちょく》。この人格は劉備に大きな影響を与えた。

劉備が、乱世の英雄としては、あり得ないほど正道を守ることにこだわったのは、一〇代の大切な時期にこの師について学んだことが大きかったに違いない。

ただ、劉備は勉強にはさほど熱心ではなかったらしい。狩りや音楽に熱を入れ、常に衣服に気を使っていたという。

身長は一七〇センチあまりだが、手を下げると膝に届き、横目で自分の耳が見えるほど、大きな耳をしていたというから、それなりに目立つ存在であった。それでいて口数が少なく、謙虚で感情をあらわにすることもなかったため、近在の若者たちから兄貴分として慕われたという。

そうこうするうちに黄巾の乱が起きて、州や郡の役所で義勇兵を募集することになった。

劉備は早速、若者たちを引き連れてこれに応募し、黄巾征伐に加わることになった。二四歳の時である。

道が開けないまま四〇代に

関羽《かんう》や張飛《ちょうひ》もこの時、劉備《りゅうび》の下に馳《は》せ参じてきた。

三人が意気投合して、「桃園《とうえん》の義《ぎ》」を結んで義兄弟の契りを交わしたとされる

『三国志演義』の名場面も、この時の話である。

劉備の義軍は、すぐさま手柄を立て、その功で安喜《あんき》県の警察署長に取り立てられるが、「今回登用した者を再審査せよ」という命令が中央から来たため、巡察官が派遣されてきた。ところが、この巡察官が、なかなか劉備を審査してくれない。

怒った劉備は、押し入って巡察官を縛り上げ、二〇〇回も杖で打ち据えた上、官印の紐を外して相手の首にかけ、馬をつなぐ柱に括《くく》りつけたという。こんなことをすれば当然、ただでは済まない。劉備は、官職を捨てて逃亡せざるを得なくなった(一連の暴行は『三国志演義』では張飛が行ったことになっている。どちらの仕業か真偽は分からない)。

随分乱暴な話だが、無名時代の劉備は、実はこのパターンを繰り返していく。何か筋が通らないことや気に食わないことがあると、我慢をしたり、自分の感情を抑えたりしない。その結果、せっかくの官職を投げ打ってしまう。まさに師の盧植《ろしょく》をもう一回り激しくした感じである。

劉備はまた、あまりにも権力欲が薄かった。

相手の身分が低くても分け隔てなく接したので、多くの人が彼に心を寄せた。その人望によって、下からは押し上げられ、上からは引き上げられるというパターンで出世をしていくのだが、地位に対する執着がないので、何かあるとすぐに手放してしまう。三四歳の時にようやく手に入れた徐州牧《じょしゅうぼく》（徐州の長官）の地位も一年あまりであっさり失ってしまう。

その結果、かなり遠回りの人生を歩むことになる。

一方、ライバルの曹操《そうそう》は、剛腕に物を言わせて順調に勝ち上がり、すでに漢《かん》王室の中枢を支配するまでになっている。劉備はこの曹操に対しても、身を寄せてみたり、敵対してみたりと、立場を安定させない。

友誼《ゆうぎ》を結べば誠実に接し、頼まれれば断らず、攻められれば無理せずに逃げる。大志はあるが、生まれつき欲が少ないため、結果的に、あっちへふらふら、こっちへふらふらと、運命に翻弄《ほんろう》されるように漂流し続けた。

そうこうするうちに、曹操は、官渡《かんと》の戦いでライバルの袁紹《えんしょう》を打ち破り、最大の実力者となった。曹操にとって、将来、自分を打ち負かす可能性がある人物は、劉備だけになった（それほど曹操は劉備の実力を買っていた）。曹操の決断と行動は早い。劉備が大を成す前に滅ぼしておこうと攻撃を加えてきた。やむなく劉備は荊《けい》州の劉表《りゅうひょう》の下に逃げ込まざるを得なくなった。この時、劉備はすでに四〇歳を超えている。

子飼いの部下を引き連れて諸国をひたすら放浪する様は、第一話で取り上げた重耳《ちょうじ》そっくりだが、重耳にはまだ帰るべき国はあったし、一国の公子《こうし》としての身分があった。しかし、劉備には関羽や張飛といった心強い豪傑がついていたとはいえ、明日への確かな道筋は一向に見えてこない。

荊州では劉表の客分として七年間過ごしているが、乱世に乗り出していってからはじめて平穏な日々を過ごしたらしい。劉備も、ようやく落ち着いて、未来に向けての布石を打ち始めた。

名軍師を得て運命が大転換

劣勢を逆転するには、いつの時代でも配下に人材を得なければならない。

劉備《りゅうび》もそのことに気づき、荊《けい》州ではもっぱら人材を求めることに努めた。

まず荊州の名士として知られる司馬徽《しばき》のもとを訪れた。すると諸葛亮《しょかつりょう》（諸葛孔《こう》明《めい》）の存在を告げられる。当初、諸葛亮の親友である徐庶《じょしょ》を召し抱え、その豊かな才能に驚くが、諸葛亮は、それをさらに凌《しの》ぐ人材だという。

劉備はさっそく諸葛亮のもとをたずねていった。有名な「三顧の礼」の場面である。この時、劉備はすでに四七歳。対する諸葛亮は二七歳、しかもまったく実績のない無名の青年に過ぎない。

劉備はそんな相手に謙虚な態度で教えを請うた。

そこで諸葛亮が説いたのが、これまた有名な「天下三分の計」だ。

荊州と益州《えきしゅう》をまず領有して基盤を固め、呉《ご》の孫権《そんけん》とは同盟を結び、共同して曹《そう》操《そう》を攻めるという大戦略である。

これは劉備や関羽《かんう》・張飛《ちょうひ》の頭脳からは出てこない発想だった。

劉備は諸葛亮の鮮やかな戦略に感銘を受け、すぐさまその場で軍師就任を懇請した。以来、二人は「水魚の交わり」（魚にとっての水のように、諸葛亮はなくてはならない人という意味）を結ぶことになる。

しかし、諸葛亮を得た喜びを味わう暇もなく、劉備は最大のピンチに陥る。曹操が天下統一をかけて本格的に南下してきたのだ。そんな時に庇護してくれていた劉表《りゅうひょう》が病死し、後を継いだ子の劉琮《りゅうそう》が弱気になって勝手に降伏してしまう。降伏を知らされていなかった劉備は、前線で孤立した。さすがに単独では曹操に勝てないため、慌てて撤退することにした。

この時、諸葛亮は、劉琮を追い払って荊州を取ってしまうべきだと進言する。しかし、劉備は「それでは亡き劉表殿に申し訳ない」と言って提案を退ける。国盗りのチャンスであっても、筋が通らないことはすべきでないという判断だ。

劉備の退却戦は困難を極めた。彼を慕う民衆が一〇万人以上も後ろからついてきて、撤退の速度が極端に鈍ったのである。劉備の性格からいって、民衆を切り捨てていくことはできない。あっという間に曹操軍に追いつかれてしまった。

ついに劉備は妻子を捨てて逃げるほどの悲惨な状態に追いつめられる。張飛の獅子奮迅《ししふんじん》の働きで曹操軍を食い止め、趙雲《ちょううん》の決死の捜索によって妻子を救出した。

完膚なきまでの大敗北だ。

諸葛亮の活躍は、ここから始まる。

このままでは曹操軍に捕捉されてしまう。

そこで、呉の孫権を味方につけて、共同で曹操に当たる戦略を立て、自ら使者の役を買って出て孫権のもとに赴《おもむ》いていく。

なにせ滅亡寸前の劉備の使者である。下手をすれば、単に「助けてくれ」と駆け込んでいくことになってしまう。諸葛亮の狙いは、あくまでも対等の軍事同盟を結ぶことにあった。至難の交渉である。

諸葛亮は、孫権に対して怖《お》めず臆《おく》せず、見事な熱弁を振るって互いの利害を説き、対等の軍事同盟を結ぶことに成功する。

要するに、曹操の大軍と戦っていた劉備の防衛戦を、南の大国である呉を巻き込むことで、曹操対孫権という構図に替えてしまったのである。

こうして始まったのが、天下分け目の赤壁《せきへき》の戦いであった。

劉備と孫権が同盟しても、兵力の上では曹操軍の方が圧倒的に優勢であったが、周瑜《しゅうゆ》の天才的な軍略や諸葛亮の協力、そのほか、様々な要因が重なって、見事孫権軍が勝利を収める。

曹操の天下統一の夢はここに挫折し、諸葛亮の構想する天下三分の計が現実のものになっていく。

諸葛亮は外交交渉一本で天下の形勢を変えてしまったのだ。

劉備《りゅうび》、ついに皇帝になる

劉備《りゅうび》の陣営は、赤壁《せきへき》の戦い以降、諸葛亮《しょかつりょう》の献策通りに動いていく。

荊州《けいしゅう》を押さえ、孫権《そんけん》と姻戚《いんせき》関係を結んで同盟を強化し、人材を集めた。

後漢末時代（2〜3世紀頃）
魏皇帝曹操
魏
官渡の戦い
蜀皇帝劉備
諸葛亮、龐統（軍師）
蜀
関羽、張飛、趙雲、黄忠、馬超
（五虎大将軍）
赤壁の戦い
呉
呉皇帝孫権
周瑜、陸遜
（将軍）

諸葛亮と並び立つと言われた龐統《ほうとう》を参謀に迎え、西北に勢力を張る馬超《ばちょう》を味方に引き入れた。関羽《かんう》・張飛《ちょうひ》・趙雲《ちょううん》・黄忠《こうちゅう》・馬超のいわゆる五虎《ごこ》大将軍と言われる最強レベルの武将がずらりと揃った。

かくて益州《えきしゅう》（蜀《しょく》）を手中に収め、さらに北上して漢中《かんちゅう》をも手に入れる。劉備は漢中王を名乗った。まさに、これで天下は三分され、莚売りだった少年は、ついに王となった。諸葛亮を得てから一二年後のことである。

翌年、事態はさらに大きく変わっていく。

まず曹操《そうそう》が亡くなり、その後を継いだ息子の曹丕《そうひ》が、漢《かん》の献《けん》帝を廃して、魏《ぎ》を建国し、自ら皇帝となった。ここに前漢・後漢と四〇〇年続いた漢王朝がついに滅びたのである。

それを見た劉備は、正当な漢王室を継ぐべく、蜀漢《しょくかん》を建国し、自ら皇帝となる。

劉備はすでに六〇歳を超えていたが、子供の頃に言っていた天子の座についに就いたのだ。

苦節四〇年、遠回りをし続けながらついに大志を実現したことになるが、権力欲が強いわけでもなく、強烈な拡張欲があるわけでもない劉備が、なぜ一介の莚売りから身を起こして皇帝にまで上りつめることができたのか。

信じられないことに、どう考えても、「徳」の力で成し得たとしか解釈のしようがないのだ。

劉備が皇帝にまで上りつめたのは、彼自身の才覚というよりも、部下の頑張りによるところが大であった。仕事のできる部下もできない部下も、それぞれの持ち場で「大将のためならば」と粉骨砕身《ふんこつさいしん》してくれた賜物なのである。なぜ部下の頑張りを引き出すことができたのかと言えば、彼が身につけていた徳の力であった。

だから、劉備の苦難の生涯を見ていくと、上に立つ者にとって、徳もまた大事な要素になることをよく感じさせてくれるのである。

覇権史としてみれば、劉備の興した蜀の国は、天下を平定したわけでもなく、魏や呉《ご》を凌駕《りょうが》したわけでもなく、結果的にはわずか二代で滅びてしまう。

しかし、その生き方が与える感動は、その後も長く生き続けてきた。

＊　＊　＊

劉備が没したのは、皇帝になった翌年である。

長年苦楽を共にしてきた関羽が呉に騙し討ちをされる形で亡くなった仇《かたき》を取ろうと、呉との同盟を破って無理に出兵したのが、結果的に身を滅ぼすことになった。

呉の将軍・陸遜《りくそん》に大敗し、白帝城《はくていじょう》に逃げ込むが、失意のなかで病を得て亡くなる。六三歳だった。最期は諸葛亮を呼び寄せて後事を託したという。

諸葛亮は、劉備の遺志を継いで、五度にわたって兵を起こし、魏を攻めた。

しかし、決定的なまでの国力の差をひっくり返すことができず、魏の好敵手の司馬懿《しばい》との名勝負を数々演じながら、諸葛亮もやがて病を得て没する。

理知的で合理的な諸葛亮が、頑《かたく》ななまでにこの戦いにこだわり続けたのは、劉備との約束を果たすためであったと言われる。冷静な諸葛亮を情念の人に変えるほどの感化力を、劉備は死後も持ち続けたのである。

三国志の魅力はまさにそこにあると言ってよい。

Victory method

劉備の大逆転ポイント

■どのような境遇であろうと、大志を失わない。
■遠回りしてでも、損をしてでも、筋を通す。
■優れた人材と見れば、年下でも師事して教えを請う。
■部下を大切にする。

■権謀術数を一切使わない。
■徳望・人望の力で人々の心を惹きつける。

第七話

誰も倒せなかった宿敵を滅ぼした、出世の遅れた吃音《きつおん》の男

【鄧艾《とうがい》】

ひどい吃音《きつおん》で出世が遅れる

最後は三国志の結末の物語を紹介したい。

三国志とは言うまでもなく魏《ぎ》・呉《ご》・蜀《しょく》の三つ巴《どもえ》の覇権争いを指しているのだが(第六話参照)、西暦二六三年に蜀が魏に滅ぼされて終わる。

蜀は、三国のなかではもっとも小国だったが、周りを大山脈に囲まれた要害の地にあり、どんな大軍で攻めても滅ぼすことは困難だと見られていた。魏に隙があれば攻め、不利になればさっと引いて亀のように閉じこもってしまえばいいのである(諸葛亮《しょかつりょう》の五度にわたる北伐はまさにそうだった)。

従って蜀を手に入れるには内部から崩すしかない。現に、劉備《りゅうび》はそうやって手に入れている。しかし、劉備が国を治めてからは、国中の者がその徳に服したため、魏の側からすれば、まさに容易に手出しのできない国となった。

魏には、諸葛亮の最大のライバルと言われた司馬懿《しばい》という名将がいたが、その彼をもってしても蜀を攻めきれなかった。諸葛亮が亡くなった後も同様で、どんな名将でも何十年もの間、蜀を攻略できなかったのだ。

その蜀を攻略したのが本章の主人公である鄧艾《とうがい》である。

諸葛亮や司馬懿のように華があるわけではないし、歴史的にもほとんど無名と言っていい。いや、同時代でも長い間、無名であった。

しかし、鄧艾こそ、魏の司馬懿の実質的な後継者であり、蜀の諸葛亮の意思を受け継いだ姜維《きょうい》と、死力を尽くした戦いを展開することになる。

三国志後半の魅力が「諸葛亮対司馬懿」の名勝負にあるとすれば、〝その後の三国志〟の最大の見どころは、「姜維対鄧艾」の対決にあると言っていい。

鄧艾は、長い逆境を耐えて世に出た男である。

幼くして父を亡くしたため、貧しい生活を強いられ、子牛の世話をする仕事をして生計を立てたというが、その後、刻苦勉励して郡の農政官となった。しかし、吃音《きつおん》がひどいため、文書を扱う仕事に就くことができず、現場の仕事から抜け出すことができなかった。

あまりの貧しさに同僚の父親が同情し、手厚い援助をしたが、お礼を言わなかったという話が残っている。ひょっとすると吃音がひどくてまともな会話ができなかったのかもしれない。

しかし、鄧艾は、極めて有能な役人だった。徹底した現場主義で、農地を歩いて回り、農政のプロとなった。会話に不自由する分、知識や見識でカバーすべく努力を重ねたのだろう。

しばらくすると、地図を見ただけで地形を立体的に思い描くことができ、一目見ただけで正確な地図を書くことができるようになった。天性の地理的感覚に加え、自らの足で現地を踏破《とうは》し、独特の地理勘を磨いていったのである。

そのうち、鄧艾は、自身のなかにある軍事的才能に気づく。高い山や広い沼地を見ると、どこに軍営を設置すべきかを思い巡らせるようになった。

思うだけでなく、軍用の地図まで作った。地図を作るにあたっては、現地を歩き回って測量を重ねた。その意図を人に説明しようとしても、吃音でうまく話せない。

鄧艾は、嘲笑の的となった。牛飼い上がりの下っ端役人が、何を勘違いしたのか、戦争ごっこをしているようにしか見えなかったのである。

司馬懿《しばい》に才能を見出される

しばらくすると、現場に習熟したプロとして、鄧艾《とうがい》は農政で目立つ成果を出すようになる。鄧艾の担当する地域だけ異様に収穫が上がるのである。そして、都に使者として派遣され、ついに当時最大の実力者である司馬懿《しばい》に会うチャンスを摑《つか》んだ。

司馬懿としては、宿敵の呉《ご》や蜀《しょく》を滅ぼしたい。そのためには多くの兵を抱えなければならない。多くの兵を養うには経済力を高めなければならない。当時の経済力とは農業の生産高にほぼ比例するから、農政で目覚ましい成果を上げつつある鄧艾の仕事に注目したのである。

実際に会ってみて司馬懿は、鄧艾の才能に舌を巻いた。ひどい吃音で説明が聞き取りにくかったが、鋭い観察眼を持つ司馬懿は、しっかりとその才能を見抜いたに違いない。鄧艾を抜擢《ばってき》し、農業生産を拡大する計画を実行するために、地方に派遣して、調査に当たらせた。

鄧艾はここぞとばかりに徹底調査をして、その結果を『済河論《せいがろん》』にまとめて報告した。こんな内容である。

・大軍を動かすたびに、遠方から兵を送ると莫大な費用がかかる。
・運河を開いて新田を開発し、戦場に近いところに兵を駐屯させる。
・常時四万人に屯田させ、耕作させながら守備させる。
・そうすれば、六、七年で十万の軍勢の五年分の食料が確保できる。
・これをもとに呉の隙を突けば、どんな遠征でも勝利できる。

司馬懿は、この進言を良しとし、すべてを実行に移した。以来、魏《ぎ》は兵站《へいたん》と補給がずいぶん楽になった。収穫高が上がった上に戦費の負担が減ったのである。鄧艾は南安《なんあん》という地の太守に昇進した。

そんな折に、蜀を代表する名将にして、諸葛亮《しょかつりょう》の後継者として知られる姜維《きょうい》が、魏に侵攻してきたが、魏は、鄧艾の活躍によって、その攻撃を見事防いだ。なぜか、鄧艾には敵の動きが手に取るように分かってしまうのである。要所要所で姜維の動きを予測して、危機を未然に防いだのだ。

鄧艾には、農政だけでなく、軍事的才能もあることが誰の目にも明らかになった。

魏の大黒柱が、司馬師《しばし》（司馬懿の子）に移っても、鄧艾は重用された。司馬師は、鄧艾の意見をほとんどすべて採用したという。

汝南《じょなん》という地の太守に転任したが、そこは偶然にも若い頃に牛飼いをしていた土地だった。鄧艾は、現地に赴任すると、貧しかった自分を援助してくれた同僚の父親を探し出して恩に報いようとしたが、すでに亡くなっていた。そこで、遺族に十分な贈り物をして、その子を推挙して取り立てたという。「お礼も言わなかった」という話が伝わっているが、本当はその恩義を片時も忘れていなかったのだ。

このあたりから、鄧艾の仕事は神がかってくる。

どこかに赴任させれば、その地の荒野を開墾して、たちまち軍民共に豊かにしてしまう。戦地に送れば、必ず勝利する。呉の諸葛恪《しょかつかく》が勢力を増してきて魏を圧迫した時には、「しばらくすれば失脚するでしょう」と予言した。するとその直後に、諸葛恪は反対派の手にかかって斬殺された。

蜀の姜維が再び攻めてきた時も、その動きをすべて読んだ。多くの者が「姜維は次に攻めてこない」と予測するなかで、鄧艾だけが「必ず攻めてくる」と予測し、姜維を打ち破っている。

長年にわたる苦労で人間心理に通じ、地道に現場を踏破したことから来る天性の地理感覚を武器に、軍事と農政を融合させた総合的なリーダーシップを発揮できるようになったのだ。上からも下からも篤い信頼を寄せられるようになった。

ライバルの鐘会《しょうかい》を出し抜いて蜀《しょく》を滅ぼす

しかし、ここに一人、ライバルが登場する。

鐘会《しょうかい》という。

鄧艾《とうがい》と正反対のタイプで、早熟の天才タイプだった。家柄もよく、五歳で神童と呼ばれ、成人した後も、勉学に励み、瞬く間に頭角を現した。二〇歳で朝廷に出仕し、順調にエリート街道を歩んでいく。やがて司馬師《しばし》の懐刀《ふところがたな》となって、密謀に預かるようになる。策謀好きで、讒言《ざんげん》して人を追い落とすところがあった。

いよいよ魏《ぎ》が総力を挙げて蜀《しょく》を攻撃しようという時に、鄧艾の前に立ちはだかったのがこの鐘会である。

魏はすでに司馬昭《しばしょう》（司馬師の弟）の時代に入っていた。

宿敵の蜀は、姜維《きょうい》一人が獅子奮迅の働きをして、かろうじて国を保っていた。諸葛亮《しょかつりょう》の没後、蔣琬《しょうえん》、費禕《ひい》など国家の柱石となった人材が一人また一人と欠けていき、ついに姜維だけが残ったのである。

鄧艾としては、この姜維とは、過去何度も対戦し、十分な戦績を残している。できれば、蜀への侵攻は自身で仕切りたかったところだろう。

しかし、若きエリートの鍾会は、上手に司馬昭に取り入って、さほど実戦経験がないにもかかわらず、一〇万の主力軍を率いる大役を手に入れることに成功する。

鄧艾は、ほかの将軍と共に三万の別動隊を率いることになった。役目としては敵将の姜維を釘づけにし、その間に主力軍の鍾会が蜀へ攻め込むという作戦である。

一世一代の大舞台の主役は、鄧艾の息子ほどの年齢しかない鍾会の手に移り、鄧艾は鍾会の引き立て役にされたのだ。

しかし、足止め役とはいえ、鄧艾の戦う相手は蜀随一の武将の姜維である。油断するわけにはいかない。

鄧艾は、諸葛緒《しょかつしょ》と共同して、姜維を挟み撃ちすることにした。正面から攻めるのが鄧艾で、後方で姜維の退路を断つのが諸葛緒の役割だ。

かくて鄧艾と姜維は戦場で再び会いまみえることになった。姜維からすれば、このまま鄧艾と真正面から戦い続ければ、鍾会の主力軍を食い止めることができない。そこで、引き返して主力軍を迎え討とうとするが、諸葛緒が橋頭《きょうとう》という地で退路を塞いでいる。それで別のルートを選んで進軍した。その動きを見た諸葛緒の軍勢は、慌てて橋頭を離れて姜維の軍勢を追った。ところが、追いかけてみると姜維はそのルートを進んではおらず、さきほどまで自分がいた橋頭を通っていったことに気づいた。フェイントをかけられて防衛線を突破されたのだ。

姜維の軍は、あっという間に、鍾会の進軍ルート上にある剣閣《けんかく》に入った。

一〇万の軍勢を擁する鍾会は猛スピードで蜀に向かって進軍を続けてきたが、

この剣閣で足止めを食う形になった。いわんや名将・姜維が守備に当たったことで、ますます突破することが困難になった。

鄧艾としては珍しい失策となった。釘づけにしなければならない姜維を逃してしまったのである。

しかし、ふと気づいてみれば、「鄧艾が姜維を釘づけにしている間に、鍾会が進軍する」はずが、「鍾会が姜維を釘づけにしている間に、鄧艾が進軍できる」状況に変わっているではないか。

意図したわけではないとはいえ、まさに天が与えたチャンスだった。鄧艾の進軍を阻む者は誰もいない。敵の主力は、姜維を含め剣閣に集結していて、本国はもぬけの殻だ。

鄧艾は、姜維を追いかけるのをやめて、蜀の都・成都《せいと》を一気に突くことにした。姜維のいない成都なら、二万程度の軍勢でも十分落とすことができる。

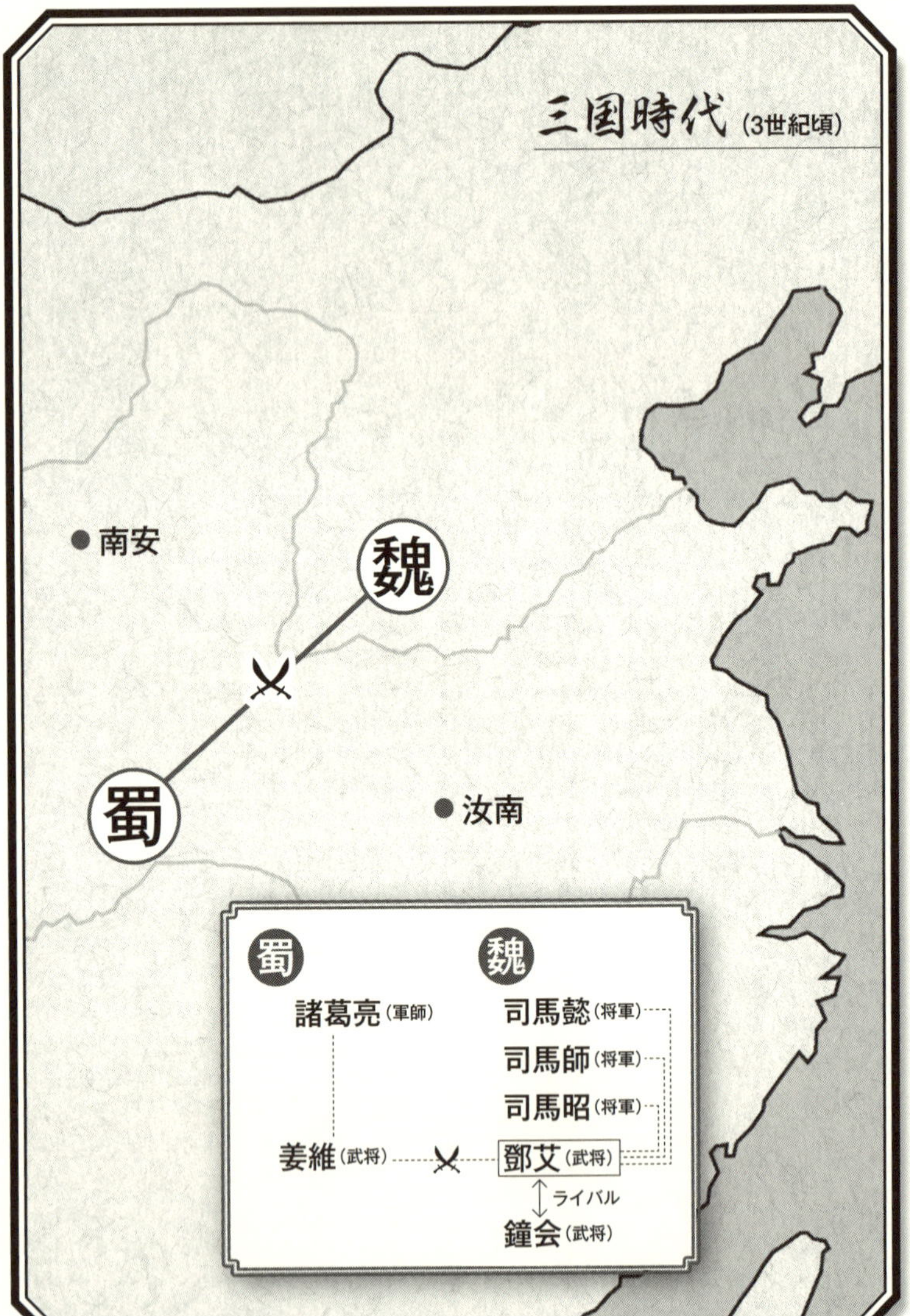
三国時代（3世紀頃）
南安
魏
蜀
汝南
蜀
魏
諸葛亮（軍師）
司馬懿（将軍）
司馬師（将軍）
司馬昭（将軍）
姜維（武将）
鄧艾（武将）
ライバル
鍾会（武将）

鄧艾が選んだのは、断崖の連なる山また山のルートである。山を崩して道をつくり、谷に橋を架け、木にしがみつき、崖をよじ登って進んでいく。命がけの行軍だ。

天性の地理勘が、こういう作戦を選ばせたのである。怖気《おじけ》づく兵を叱咤しながら、道なき道を七〇〇里（約280km）にわたって進んでいく。これが歴史に残る奇襲戦となった。

難路を踏破した鄧艾は、蜀側の最後の砦とも言うべき防衛陣地を一気に突破し、都の成都をめざした。

鄧艾の怒濤の進撃に恐れをなした劉禅《りゅうぜん》は、戦いもせずに、使者に皇帝の玉璽《ぎょくじ》と綬《じゅ》を持たせて降伏を申し入れた上、太子や群臣六四人を引き連れ、手を後ろに縛って棺桶をかついで、鄧艾の前に出頭したという。
先主の劉備《りゅうび》が長い年月をかけて築いた蜀は、こうして滅びた。
鄧艾は、降伏を受け入れ、劉禅以下の戒めを解き、略奪を禁じた。
降伏の手続きは、平和裏に行われた。
遅咲きの英雄・鄧艾は、この時すでに七〇歳を超えていたという。

陥れられた鄧艾《とうがい》をかばう人が続々

その後の話はあまり愉快ではない。

姜維《きょうい》は最前線に取り残された格好になった。都にいた劉禅《りゅうぜん》がまさか戦いもせずに降伏するとは思いもしなかったのだろう。当初、降伏を信じなかったが、後で本当だと分かると、悔しさのあまり近くの岩を剣で切り裂いたという。数十年にわたって蜀《しょく》の屋台骨を支え続けた身としては、何とも複雑な気分であったに違いない。泣く泣く鍾会《しょうかい》に降伏した。

鍾会は、降将である姜維を手厚くもてなしたという。

さて、鄧艾《とうがい》である。農政や軍事については一流だが、権謀術数には疎《うと》かったらしい。手柄を横取りされた形になった鍾会が、次に何を仕掛けてくるかが読めなかった。

成都《せいと》に入城してから、さまざまな戦後処理を行ったのだが、いちいち魏《ぎ》の朝廷にお伺いを立てながら進めるわけにもいかず、専権を行使して迅速に進めていった。

鍾会はそこに目をつけた。「鄧艾が謀反《むほん》をたくらんでいる」と告発したのだ。

こうして鄧艾は逮捕され、都に護送されることになった。鄧艾は天を仰いで「私ほどの忠臣はいない。それがこんな運命に遭《あ》うとは」と嘆息したという。

鄧艾には人望があった。

まるで映画みたいだが、護送中に、部下が決起して鄧艾の身柄を奪還したのである。しかし、それも束の間、再度捕らえられて、結局、斬られた。子供はすべて処刑され、妻と孫は流刑になった。

それから数年後、ある者が鄧艾の名誉を回復するために上奏した。

その上奏文には、鄧艾が常に部下と苦楽を共にしたこと、自ら鍬《くわ》を持って働いて将兵に範を示したこと、奴僕《ぬぼく》の苦労をもいとわなかったこと、謀反の気持ちはまったくなかったこと、すべては鐘会の陰謀であったことなどが書かれていた。

この上奏が聞き届けられ、奴隷の身に堕ちていた子孫は詔勅《しょうちょく》によって取り立てられ、名誉を回復した。

吃音で出世が遅れた地味な将軍・鄧艾は、こうして蜀を滅ぼした名将として名を残すことになった。険しい山々をよじ登り、断崖を渡って、最短距離で成都をめざした奇襲作戦は、世界の戦史でも注目される鮮やかな作戦として今なお語り継がれている。魏を悪役に扱う記述が多い『三国志演義』でも、鄧艾に関してはよく書いているほどだから、よほど尊敬されたのだろう。

生来の吃音で、牛飼い出身でありながら、逆境を克服し、大戦果を上げ得たことで、吃音や逆境で悩む者を励ます事例として取り上げられることも多い。死後、鄧艾廟が各地につくられた。蜀の最後の激戦地となった剣閣《けんかく》の近くにも鄧艾廟があったが、近年、毛沢東の時代の文化大革命の折に壊されたという。

家柄や障害など劣等感で悩む人にとっては、鄧艾の生涯はまさに希望の灯《ともしび》となるのではないか。

ちなみに、鐘会は、ライバルの鄧艾を追い落とした後、なんと姜維と組んで反乱を起こした。蜀を自分のものにしようとしたのである。しかし、鐘会の部将が従わず、あっけなく殺されてしまう。こうして神童と呼ばれた鐘会は悪名を歴史に残すことになった。

姜維もこの陰謀に巻き込まれて殺されている。姜維としては、うまく鍾会を焚きつけて自立させた上で、成都の奪還を図るつもりだったらしい。最後の最後まで、蜀の再建に希望をつないでいたのである。

宿命のライバルであった鄧艾と姜維は、いずれも非業の死を遂げたが、その筋を通した生き方は、今日まで後世の尊敬を受け続けている。

Victory method

鄧艾の大逆転ポイント

- 劣等感をバネに努力を続ける。
- 出世が遅れても挫けずに努力を重ねる。
- 人からバカにされても、自身の才能を信じて、磨き続ける。

■出世してからも、驕《おご》らずに、部下と苦楽を共にする。
■逆境の時に受けた恩を忘れない。
■権力闘争から離れて、筋を通しつつ、ひらすら職務を遂行する。

Victory method

七つの逆転人生に共通する【大逆転ポイント】

- あきらめないで努力を続ける。
- 挽回しようと焦らず、決して無理をしないで時を待つ。
- 損得よりも、遠回りしてでも、筋を通す方を選ぶ。
- 失敗したら、過ちを認めて反省し、自己変革をする。

逆境において、受けた恩は忘れない。

優れた人に師事し、教えを請う。

手厳しい諫言《かんげん》であっても、人の意見に耳を傾ける。

勝つための条件を、地道に積み上げていく。

時が来たら、一気に勝負をかける。

目的を遂げた後で、決して慢心しない。

守屋 洋 もりや ひろし【監修】

中国文学者、SBI大学院教授。著訳書に、『呻吟語』(徳間書店)、『「貞観政要」のリーダー学』(プレジデント社)、『中国古典一日一言』(PHP研究所)、『「韓非子」を見よ！』(三笠書房)、『リーダーのための中国古典』(日本経済新聞出版社)、『大人の国語力がつく漢詩一〇〇選』(角川マガジンズ)、『将の徳力』(幸福の科学出版) など。

HSエディターズ・グループ【著】

日本の未来を拓き、世界のリーダーとなる人材の育成を目的として、真の教養を積み、人格を形成するための指針となる書籍の出版を目指す、幸福の科学出版の一般書編集部のエディターを中心に構成。本書のほか『伝道師』『偉人たちの告白』等も手がける。

逆境をはねかえす不屈の生き方

――中国古典に学ぶ７つの逆転人生――

2013年11月20日　初版第1刷

監　修　守屋 洋

著　者　HSエディターズ・グループ

発行者　本地川 瑞祥

発行所　幸福の科学出版株式会社

〒107-0052　東京都港区赤坂2丁目10番14号

TEL (03) 5573-7700

http://www.irhpress.co.jp/

印刷・製本　中央精版印刷株式会社

落丁・乱丁本はおとりかえいたします

ISBN978-4-86395-409-0 C0030

photo ©siro46-Fotolia.com

自分を磨く。不況に打ち克つ。
大川隆法ベストセラーズ

大川総裁の読書力
知的自己実現メソッド

知的成功をめざす、すべての人びとへ。なぜ1400冊もの書籍を生み出せるのか？　どうして2100回を超える説法ができるのか？　その知的創造の源泉のひとつ——「読書力」の秘密に迫る！

1,400円

ストロング・マインド
人生の壁を打ち破る法

頭が良いだけでは、大成できない。過去の失敗や傷を抱えていても、幸福にはなれない。
失敗のない人生などない。自分を信じて、何度でも立ち上がれ！

1,600円

常勝思考
人生に敗北などないのだ。

二百万部突破のミリオンセラー！　1989年の発刊以来、全世界から圧倒的な共感が寄せられている。政治的にも経済的にも混迷の度を深める今こそ、「常勝思考」が必要だ！

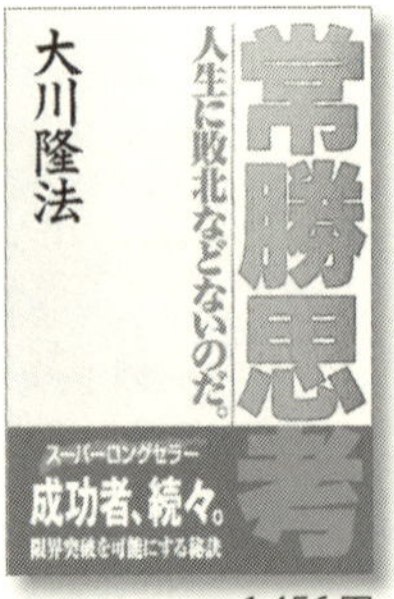

1,456円

※表示価格は本体価格（税別）です。

不況に打ち克つ仕事法

リストラ予備軍への警告

この一冊が、不況やリストラからあなたを守る。自分を守り、家族を守り、企業を守るために——。ハウツー本では知り得ない、深い人間学と実績に裏打ちされた、ビジネス論・経営論のエッセンス。

2,200円

サバイバルする社員の条件

リストラされない幸福の防波堤

「消費税増税」「脱原発」で大恐慌時代、到来!? 資格や学歴だけでは測れない、あなたの「リストラ性格」をチェック! 不況であっても会社が手放さない人材の3つの共通項とは?

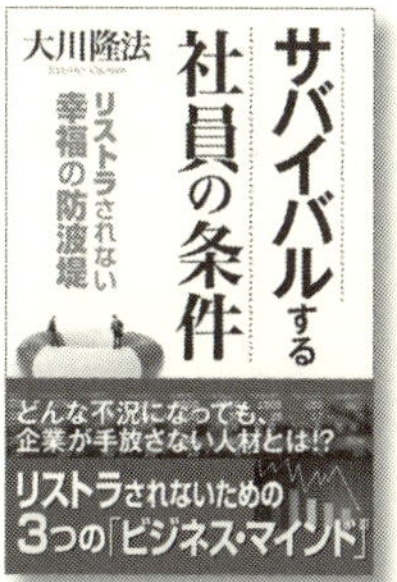

1,400円

リーダーに贈る「必勝の戦略」

人と組織を生かし、新しい価値を創造せよ

フォロワーを惹きつける資質、リーダーシップの不足の意外な原因、勝ち続ける組織をつくりあげる考え方。あなたの夢を実現にグッと近づけてくれる一書。

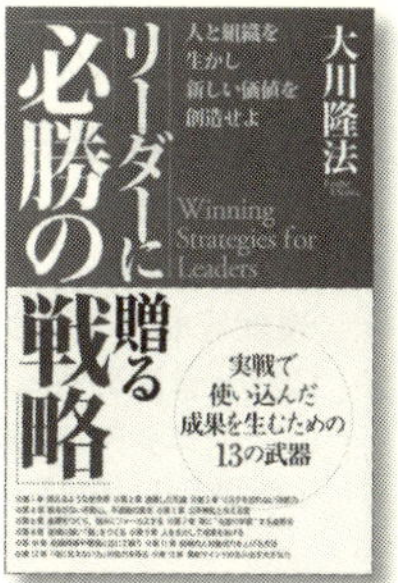

2,000円

老子の復活・荘子の本心

中国が生んだ神秘思想の源流を探る

老子と荘子が、現代中国に伝えたいこと。資本主義と共産主義。自由と統制。そして信仰と唯物論――。老子・荘子はどう読み解くのか？　現代中国に必要なヒントが隠されている。

1,400円

王陽明 自己革命への道

回天の偉業を目指して

行動する革命思想――「陽明学」の真髄に迫る！陽明学の祖・王陽明が、中国思想史を鳥瞰し、明治維新の意義、そして日中関係の未来を語る。

1,400円

孫文のスピリチュアル・メッセージ

革命の父が語る中国民主化の理想

これからの日中関係を正しく理解し、平和な未来を築いていくために――。彼は、民主主義的で神のもとに平等な国家の建設をめざしていた。

1,300円